Rolf Dobelli

Und was machen Sie beruflich?

Roman

Diogenes

Umschlagfoto von
Lawrence Manning/CORBIS
Website und E-Mail-Adresse
des Autors:
www.dobelli.com
rolf@dobelli.com

Alle Rechte vorbehalten
Copyright © 2004
Diogenes Verlag AG Zürich
www.diogenes.ch
120/04/8/1
ISBN 3 257 06446 2

I

Vielleicht hat es doch gezittert.

Schon im Aufzug, ein ungewöhnliches Schütteln. Wie wenn man mit einer Gondel in die Bergstation einfährt. Auf den letzten Metern jeweils das Hin- und herrempeln zwischen Holzplanken.

Als er aus dem Aufzug getreten ist, auf der achtzehnten Etage, hat er es in seinen Beinen nochmals gespürt – das Rütteln.

Jetzt sitzt Gehrer an seinem Schreibtisch – in Papierberge versenkt.

Wenn es im Aufzug rüttelt, muß das nichts bedeuten. Das kann am Aufzug liegen.

Sonntagnachmittag – eine perfekte Zeit, um den Schutt der vergangenen Arbeitswoche abzutragen und sich gedanklich auf die kommende einzuschießen. Es gelingt selten, sämtliche Pendenzen abzuschütteln. Im Gegenteil. Sie entwickeln sich zu Ungeheuern. Man wird noch daran sterben, denkt er.

Gehrer läßt das Dossier auf den Tisch sinken. Stille. Nur das Summen von Neonlicht.

Keine Erdbeben in dieser Stadt!

Ab und zu ein entferntes Zischen der automatischen Spülanlage im Herren-WC. Dann ist es wieder still.

Kein Mensch weit und breit. Gehrer ist der einzige auf der ganzen Etage. Möglich, daß er der einzige im ganzen Gebäude ist.

SolutionsUniverse – wer solche Firmennamen erfindet, verdient es, hingerichtet zu werden!

»Wir erwarten Sie im Konferenzraum, Montag morgen sieben Uhr«, hatte der CEO gesagt, dann aufgehängt. Gehrer hatte nicht einmal Gelegenheit, nach den Traktanden zu fragen.

Dreifachverglasung. Ziehende Wolken hinter feinem Raster. Wenn selbst die Straßen im Schnee untergehen, gibt es nur noch den See – ausgestanzt zwischen puderigen Hügeln. Heute bleibt der Schnee im Himmel hängen. Nur einzelne Flocken wirbeln, steigen, würzen eine sonst leichte Luft mit haarigen Eiskristallen.

Ohne wandernde Wolken sähe das aus wie die Großaufnahme einer Fototapete. Früher hatten seine Eltern jedes Jahr das mannshohe Panoramaposter einer anderen Stadt über seine Tapeten geklebt. Für ein Jahr lang stand man dann in Paris, Rom, New York oder lag auf dem Bett unter der Sydney Harbor Bridge. Nach einigen Tagen gewöhnte er sich an die neue Stadt, an das staubige Kolosseum, die zerbrochenen Steinbögen, die bunten Touristen in dieser Steinwüste, deren Figuren im Vierfarbendruck verschoben als rote, blaue, gelbe und grüne Punkte auseinandersprangen, von den Gesichtern ganz abgesehen; er vermißte den violetten Abendhimmel über New York, die auslaufende Queen Elisabeth II., die gelben Fähren hinter der Statue of Liberty, die aus Newark hervorsteigenden, sich im Violett auflösenden Flugzeuge. Nach einem Jahr stand er in einer neuen Stadt, in San Francisco oder London, richtete sich ein, atmete Tapetenleim, der sich tagelang in der neuen Stadt hielt, preßte Blasen nieder, solange der Leim noch feucht war. Ärgerlich waren stets die Übergänge. Selbst wenn man die einzelnen Bögen oben sorgfältig aufeinander abstimmte, das Brückengeländer der Golden Gate haarscharf auf dem anderen Bogen weiterfuhr, so spaltete sich die Welt spätestens am Ende der Tapete, auf Bett-, also Augenhöhe, manchmal zentimeterweit. Der von winzigen Tug-Boats geschleppte Öltanker in der San Francisco Bay hatte einen Sprung, hörte für einen Moment auf zu existieren, zeigte Ansätze von römischen Steinbögen und lief dann zeilenversetzt weiter. Öl lief keines aus.

Einmal, mit sechzehn, hatte er genug davon, in fremden Städten zu wohnen, riß Tapete um Tapete nieder, schichtenweise Monumente, Paläste, Lichter, Türme, Säulen, Straßen, Himmel, stampfte den Papierklüngel mit seinem eigenen Gewicht klein, drehte ihn mehrmals am Boden, um wieder und wieder raufzusteigen, ihn runterzuwalzen, mit den nackten Füßen zu bändigen, ohne daß die Kugel kleiner wurde. Es blieb ein schwerer, sperriger Haufen Papier. Dann öffnete er das Fenster und ließ das Dutzend Städte auf die Straße fallen. Der Wind war stürmisch in jener Nacht. Gehrers erste Erfahrung als Mann von Welt.

Heute geht kaum Wind. Das Gewinkel der alten Dächer. Der helle, schiefe Himmel. Winter aus allen Richtungen.

Selbst der Boden steht still.

Ein Eckbüro mit zwei Fensterfronten gibt's nicht für jedermann, schon gar nicht an der Südwestecke des Glasturms.

Für den Marketingchef gibt es zwei Fensterfronten.

Die Etagen haben wenig mit der Hierarchie zu tun. Die Kantine zum Beispiel befindet sich zuoberst, im zweiundzwanzigsten. Stock. Manchmal setzt er sich an einen Tisch voller Lehrlinge aus dem Call Center. Dann wechseln die Gespräche, ohne daß weniger geredet wird.

Nur noch selten spricht ihn jemand mit Herr Direktor an. Dann sind es kurz vor der Pensionierung stehende oder ausländische Sachbearbeiter auf bedauernswert geringen Hierarchiestufen. Nicht einmal Jobsuchende nennen ihn so. Für die Jungen ist er bloß der Gehrer, und so behandeln sie ihn auch.

Trotzdem, und im Hinblick auf die morgige Sitzung: Eine Beförderung in diesem Alter kann nie vollkommen ausgeschlossen werden.

Winter jenseits der Dreifachverglasung.

Das hat er gemeint zu spüren: ein Rütteln, ganz kurz, dazu ein kaum hörbares Rauschen aus dem Untergrund.

Das Hirn ist unberechenbar.

Das letzte Beben in Zürich muß Jahrhunderte zurückliegen, wenn überhaupt. Nie haben seine Eltern oder Großeltern von einem Erdbeben erzählt. Auch nicht seine Lehrer. Erdbeben gibt's nur im Ausland.

Kein Land ist stabiler als die Schweiz.

Es war kein Rauschen. Eher ein Dröhnen aus der Tiefe.

Es ist idiotisch, sich im achtzehnten Stockwerk aufzuhalten. Es ist idiotisch, sich überhaupt in einem Gebäude aufzuhalten. Dazu noch an einem Sonntagnachmittag, wenn man mutterseelenallein ist.

Vermutlich ist alles nur Einbildung.

Selbst im Radio: keine Meldungen, ein Erdbeben betreffend. Nur schlechte Nachrichten aus der Wirtschaft an diesem Februartag. Miserabler Empfang. Gekrächze. Er dreht es aus.

Diese schleichende Unordnung auf dem Schreibtisch, in den Schubladen, überall.

Das Summen aus winzigen Transformatoren.

Gehrer kann jetzt nicht weiterarbeiten. Er sitzt am Schreibtisch und horcht. Nichts. Dann steht er auf. Auch der Gang ist leer. Wieder steht er still, schaut eine Weile zu Boden – seine Schuhe, als wären sie auf den Spannteppich geleimt –, dann geht er weiter. Er marschiert mit kräftigen Schritten auf und ab, als könnte er damit Geister vertreiben.

Jeder Schritt ein Akt der Selbstbestätigung.

Keine Firma stabiler als die SolutionsUniverse!

Jetzt zieht er einen dünnwandigen Plastikbecher aus der Röhre, die an der Seite des Kaffeeautomaten angebracht ist, und verschwindet im Herren-WC.

Dort füllt er den Becher randvoll mit Wasser, stellt ihn auf den Boden und kauert sich daneben. Keine Vibration. Auch nicht nach einer Viertelstunde.

Mit der Zeit setzt er sich auf den WC-Boden, umspannt die angezogenen Beine mit den Armen. Das ist weniger anstrengend.

Noch immer nichts.

Jetzt liegt er auf den Bodenkacheln, seitlich, den Kopf auf den Arm gestützt wie ein Fotomodell im Bikini.

Die Wasseroberfläche im Becher ist so starr wie eine Scheibe Glas. Die unendliche Produktion von Stille.

Plötzlich zischt und rauscht es, es zischt laut, Gehrer zuckt zusammen. Dann ist es wieder still. Darauf war er nicht gefaßt: die automatische Spülanlage der Pissoirs.

Dann wieder nichts. Noch immer keine Vibration im Wasserbecher.

Weshalb soll man sich fürchten, wenn gar nichts los ist? Es ist lächerlich! Gehrer steht auf und wäscht sich die Hände. Es ist idiotisch, denkt er: Der Marketingchef einer Softwarefirma im Firmen-WC, wie er über stehendem Wasser lauert. Zum Glück ist er allein in diesem Gebäude. Was er im Spiegel sieht: Der Haarausfall ist offensichtlich, aber nicht problematisch. Er sieht nicht älter aus, er fühlt sich nur älter, und er fragt sich, ob er es lieber umgekehrt hätte.

Wieder die automatische Spülanlage. Ein Zischen, ohne daß sich der Boden krümmt.

Es kann gar nicht ohne Falten funktionieren, denkt Gehrer jetzt, rein physikalisch nicht. Die menschliche Haut ist kein Gummi. Das Gesicht bewegt sich, wirft sich in nachdenkliche oder lachende Posen. Außerdem wird gesprochen und gegessen. Es bewegt sich also etwas unter der Hülle. Notwendigerweise gibt es Orte, wo zuviel Haut liegt, wo sie sich ansammelt, als Vorrat für zukünftige Bewegungen. Sie überwirft sich, schlägt Wellen, wirft Furchen, wird durch die Bewegung der darunterliegenden Muskeln zerknüllt, zerknittert. Hautbeben. Das alles beobachtet er im Toilettenspiegel, während er sich älter wünscht oder jünger, aber älter aussehend, reifer, aber jünger, er weiß es wirklich nicht. Unter dem Mikroskop muß Haut aussehen wie verwüstete Landschaft, Härchen wie abgeknickte Bäume, Sturmschäden, Erdhügel, Furchen, Alpenverwerfungen, Poren wie Gletschertöpfe, Moränen, Rinde, erkaltete Schlacke, Reptilienhaut. Ein Glück, daß unsere Augen nicht in diesen Dimensionen sehen!

Gehrer, wie er vor sich selbst steht und mit dem Gesicht spielt. Es stimmt, was andere behaupten, daß er sympathischer aussieht, wenn er lächelt.

Auf einmal ist Gehrer wieder vergnügt. Er glaubt sich sogar summen zu hören. So schlendert er an seinen Arbeitsplatz zurück, wohl wissend, daß es zu keinem Erdbeben kommt, zu keinem Weltuntergang.

Gehrer sitzt da, eingefaßt von zwei Fensterfronten, an einem Tisch und beugt sich über Papierstöße. Manchmal wirft er einen Blick aus der achtzehnten Etage auf die Lichter der Stadt hinunter. Nach einer Weile fällt ihm auf, daß die Papierstöße noch immer da sind.

Er begreift: Seine Arbeit besteht, wie bei vielen Menschen, hauptsächlich aus Projekten, die früher oder später zwangsläufig im Sand verlaufen. Und doch verläuft seine Arbeit nie im Sand, weil es immer genug Projekte gibt, die gestartet werden wollen. Nur der Projektgehalt im Sand nimmt laufend zu...

Wenn Gehrer meint, es hätte wieder gerüttelt, bleibt er gefaßt, weil er weiß, daß es nicht gerüttelt haben kann. Man glaubt vieles, wenn man denkt...

Erdbeben kommen, wenn sie kommen, immer über Nacht...

Auch das Rauschen, das er tief im Untergrund hört, das auf- und abschwellende Rauschen, selbst wenn er sich nicht darauf konzentriert, ist kein Rauschen, weil die Schweiz nicht am Rand einer tektonischen Verwerfung liegt, sondern im Zentrum einer Kontinentalplatte, die so starr ist wie ein Fünffrankenstück.

Jetzt Schwaden von Nebel hinter dem Fenster. Die gelben Punkte der Straßenlampen als verwaschene Flecken.

Jedes Jahr, wenn der Winter sich zurückzieht, die warmen Winde aus dem Süden allmählich über die Alpen kippen und den Schnee auf den Feldern wegschmelzen, wenn die Äcker schwarz glänzen, die ersten Segelboote auslaufen, die Sonne durch das Fenster die Schreibtischplatte erhitzt, die Papiere, Verträge, ja selbst den Kugelschreiber in Fieber legt, dann steht er auf, geht zur Tür, schließt sie von innen leise ab, schickt seiner Sekretärin eine E-Mail, daß er nicht zu stören sei, unter keinen Umständen, entnimmt dem Schrank ein aufklappbares Stativ, greift in seine Mappe, löst Plastikklappen von Linsen, kurbelt den Feldstecher auf dem Stativ fest und richtet sich aus: Schnee auf Hügelkuppen, auf Bäumen, in Wäldern, Schneefelder, durchlöchert von schwarzer, dampfender Erde, Schneeflecken mit festen Rändern in schattigen Lagen, Schnee in den von Tannen gesäumten Einschnitten, wo Bäche dem See entgegenhuschen, kein Wind, die Segelboote stehen im Glitzer, und er muß wegdrehen, so stark ist das Licht, dreht weg auf die Dächer und Straßen, Menschen erstmals ohne Jacken und Mäntel, viel offenes Haar, beim Ruderklub hängen Geranienkästen aus den Fenstern, Möwen wie zu allen Jahreszeiten, Fischer zeilenweise auf den Brücken, Frühlingsfischen, dann wieder die Schneeflecken in der Ferne, die sich von Tag zu Tag, Stunde zu Stunde verformen, reduzieren, wegdampfen. Manchmal glaubt er, das Gurgeln aus dem Untergrund zu hören, das versickernde Schmelzwasser, das dumpfe Plumpsen von nassem Schnee aus Ästen, das Nachwippen, das Nachrieseln aus dem Geäst, das Lärmen der Schwalben. Er wartet hinter der Verglasung seines Büros, bis sich die Sonne in einem körnigen Abendrot auflöst, ein dunkler Himmel über die Stadt streicht und Sterne platzen läßt. Ab und zu läutet das Telefon, summt das Faxgerät, blinkt eine Leitung. Sonst ist es still. Der Computerbildschirm beschlägt die Wände, seinen Schreibtisch, den Drehstuhl, die Papiere, den Drukker, den an der Tür hängenden Mantel mit einem kalten, unsicheren Licht. Draußen nur noch leuchtende Punkte, die sich nicht vergrößern lassen. Er schraubt hin und her – im besten Fall verzogene Striche. Unter gelben Bogenlampen: Ahnungen von Menschen.

Auch dieses Jahr: Gehrer kann nicht warten, bis der Frühling ausbricht.

Jetzt steht Gehrer am Fenster, Hände in den Hosentaschen, und schaut in die Nacht hinaus. Er spielt mit den Lichtern. Kneift die Augen abwechselnd zu, mal das eine, mal das andere, und sieht ein, daß er sich damit nicht aus der Welt schaffen kann.

Das Meeting morgen früh – also in wenigen Stunden. Es lohnt sich schon bald nicht mehr, nach Hause zu fahren. Überhaupt lohnt es sich immer weniger. Er könnte auch gleich hier übernachten, zum Beispiel unter dem Tisch. Es gibt Leute, die benötigen nur fünf Stunden Schlaf. Gehrer braucht mindestens sieben, sonst ist er am nächsten Tag unmöglich. Je älter er wird, desto wichtiger ist sein Schlaf. Schlaf ist sein größtes Hindernis auf dem Weg nach oben, denkt er manchmal.

Die Papierstöße sind noch immer da.

Oft braucht es ein Beben, damit etwas geschieht...

Auf dem Schreibtisch ein Foto von Jeannette. Eine alte Aufnahme. Sie ist Rechtsanwältin. Daß sie heute mehr verdient als er, ist für sie beide noch kein Problem.

Das Vibrieren der Tischplatte. Ein dumpfes Wüten im Untergrund. Ein Grollen. Es ist nicht mehr zu bestreiten. Ein Beben, ein Zerren, ein Trümmern. Gehrer wirft sich auf den geschichteten Papierstapel, umklammert ihn mit beiden Armen. Dafür kippt Jeannettes Foto auf den Boden. Gehrer wie gemeißelt. Erschütterung selbst unter seinen Füßen. Es ist bald Mitternacht.

2

Ein Beben, von den großen Börsenplätzen her anrollend, mit Sturmflut, reißt nationale Volkswirtschaften auf, bricht über Firmenimperien herein, zerfetzt Arbeitsplätze. Dieses Beben, Ausläufer einer spekulativen Verwerfung, modelliert sich um so heftiger, seine Bahn ist um so zerstörerischer, je besser die Zeiten zuvor gewesen sind. Das ist immer so. Daß das Beben auch Unschuldige trifft, ist nicht zu vermeiden. Eigentlich sind es alles Unschuldige, deren finanzieller Haushalt bald unsanft auf den Kopf gestellt wird. Massenphänomene kennen keine Schuldigen – auch dies eine Weisheit aus der Geschichte.

Das Beben namens Rezession ist im Anzug, und man weiß: Die Zeiten werden härter. Der Befehl von oben lautet: Gürtel enger schnallen! Er wird ausgesprochen, noch bevor die Befehlenden denken müssen, denn er ist immer wahr, wenn das Beben andonnert, und es kommt nicht zum ersten Mal.

Ein Kesseln, Kübeln, Knacksen, Rauschen, Dröhnen, Zerren, Stoßen, Stauchen – bis in alle Etagen. Jeder Wirtschaftszweig wird umgepflügt.

Ganze Märkte stürzen in die sich öffnenden Schlünde.

Die Richterskala wartet geduldig und nach oben offen. Sie schluckt viel und in immer größeren Werten.

Das Beben, das von niemandem verursacht worden ist oder von allen, dämpft die vorlaute und aufmüpfige Haltung vieler Arbeitnehmer, die sich in der Hochkonjunktur ein Königsmäntelchen umgelegt hatten. Es macht sie arbeitsam und still. Es stellt das ursprüngliche Verhältnis zwischen Kapital und Arbeit wieder her. Das alljährliche Lohngespräch darf die Abkürzung wählen. Dieser Tatbestand verleitet zur Auffassung, die Rezession spiele den Vorgesetzten in die Hand. Sie ist falsch, »sind wir doch alle Angestellte«, wie der Chairman der Solutions-Universe einmal treffend bemerkt hat. Selbst die Aktionäre, also die wahren Arbeitgeber, bevorzugen die Kombination »goldene Umsätze plus aufmüpfige Angestellte« statt »Verluste plus X«, wobei X für irgendeine Befindlichkeit stehen kann.

Trotzdem tut so ein richtiges Beben gut, hört man nicht selten sagen. Und weil sich alle ein bißchen mehr anstrengen, wird schon bald wieder die Sonne scheinen – so die nationalökonomische Theorie der Konjunkturzyklen.

Es kommt zu Tragödien an Arbeitsplätzen und außerhalb. Vermeintlich stabile Ehen gehen plötzlich entzwei. Die Loyalität zum Arbeitsplatz nimmt ungesunde Höchstmaße an. Und es bewahrheitet sich der alte Spruch vom Glück, dessen Schmied jeder einzelne selbst sei. Dabei war er gar nie ungültig, der gute Spruch, auch nicht in besseren Zeiten, worauf die erfolgreichen Schmiede jetzt stolz hinweisen.

Gemäß einer Studie der Cambridge University beträgt die durchschnittliche Lebenserwartung einer Firma weniger als zwölf Jahre – was ungefähr der Lebenserwartung eines Hundes entspricht.

In einer Rezession werden Firmen schneller krank als sonst. Unternehmensberater werfen sich flink in weiße Kittel und spielen Medizinmann. Sie empfehlen Aderlaß und sehen zu, wie der Patient ermattet, dann wegstirbt.

Unsichtbare Mägen schlucken Gelder, ohne zu rülpsen. Aktien gehen pfundweise ein. Investoren jammern. Die Börse hat sich verausgabt. Die Zentralbanken basteln, zukünftige Inflation auslösend, an Konjunkturstützungsplänen.

Obwohl der weltweite Wirtschaftskrieg immer tobt, tobt er härter, wenn das Beben im Anzug ist. Gehrer, ein Krieger im sumpfigen Feld.

Man kann nicht immer nur fordern, man muß auch einmal geben, fordern Arbeitgeber – bestimmter als je zuvor.

Gehrer ist Absolvent einer Schule, auf der er die wohltätigen Eigenschaften von Geld studiert hat. Das Zettelchen, das die Schule nach vier Jahren emsigen Sich-Langweilens ausgespuckt hat, trägt die lateinischen Wortkrüppel lic. oec. Für Gehrer bedeuten diese Buchstaben die Welt und für die Welt einen Menschenschlag, den man lieber nicht auf die Felder schickt.

Noch lacht Gehrer, wenn vom Beben die Rede ist, er lacht und dreht mit seiner Hand die lange Nase, auch wenn seine Knie vor Erschütterung zittern. Schon den ganzen Winter. Von seiner Sekretärin auf das Beben angesprochen, sagt Gehrer: Man ahnt vieles, was nie eintrifft.

Gehrer weiß: Firmen nehmen in Geduld vieles in sich auf, was bestenfalls auf die Entsorgungslisten der Arbeitslosenkasse gehörte. Damit meint er nicht sich, sondern die Kollegen aus der Finanzecke.

Und doch: Wenn einer auf die 40 zustrebt, so muß er auf der Hut sein. Zu schnell kommen sie, die Stoßtrupps der jüngeren Generation, ausgerüstet mit den neuesten Waffen unternehmerischer Kampfführung. In den MBA-Trainingscamps in aller Welt wurden diese Eliteeinheiten darauf abgerichtet, den Älteren ihre Karriereleiter in Stücke zu sägen und sie zu zertrampeln. Wenn das Beben wütet, machen die Jungen erwartungsgemäß die größten Terraingewinne.

Sie sprechen eine andere Sprache, sagen »frame of mind« und »top line enhancement«, und kein Alter versteht, was sie damit meinen oder ob sie überhaupt etwas damit meinen. Vielleicht jagen sie den Altgedienten einfach so den Schrecken ins Gesicht – aus Spaß in unsicherer Zeit.

Gehrer weiß: Sein Marketingvokabular reicht zwar noch aus, um die hellblaudummen Konsumenten zu schlagen, nicht aber um die Armee der Jungen, die sich hinter seinem Rücken zusammenrottet, auszutricksen. Die Theorie der vier Ps – Product, Price, Promotion, Placement – hatte ihm damals genügt, seine Vorgänger auszuhebeln. Jetzt sind die vier Ps zum Kulturgut verkommen. Frauenvereine, Bischöfe und Selbsthilfegruppen im ganzen Land ernähren sich von dieser dünnen Suppe. Vielleicht ist ja das Marketing tatsächlich so unwirksam, wie seine Kritiker schon immer behauptet haben. Wenn das Produkt ein Unglück ist, was kann er als Marketing-Chef dann noch ausrichten? Einen Marketingmix aus Scheiße riechen auch die dümmsten Konsumenten.

Nun kommt der große Rasenmäher aus dem SolutionsUniverse Headquarter angebrummt. Wer sich nicht duckt, kommt unter die Klinge.

Dumm, daß das Beben just mit seinem 40. Lebensjahr kollidiert. Gehrers Alter guckt ihm aus allen Löchern.

3

Es ist Montagmorgen. Auf der Straße rollt ein dunkler Wind, wirft mit eisigen Splittern um sich. Ein dicker Schal verhindert, daß der Winter Gehrer von außen her umbringt.

Montag, 16. Februar. 06:30 Uhr. Achtzehnte Etage. Gehrer ist eine halbe Stunde zu früh da, in der Hoffnung, etwas über die Traktanden der anberaumten Sitzung in Erfahrung zu bringen. Gehrer steht vor der geschlossenen Tür zum Konferenzraum. Das Schiebeschildchen steht auf Rot und sagt »besetzt«. Gehrer wartet.

06:40 Uhr. Geräusche hinter der geschlossenen Tür. Ein Gewirr von Stimmen ohne Zuordnung zu bestimmten Kehlen.

06:45 Uhr. Gehrer schiebt das Schildchen abwechselnd von Rot (besetzt) auf Grün (frei) und kommt zum Schluß, daß es nichts an der Tatsache ändert.

Es stand auf Rot (besetzt), bevor er daran geriegelt hat, und außerdem vernimmt er Stimmen, die nicht seinem Kopf entspringen.

06:50 Uhr. Gehrer schlendert die grauen Korridore entlang und läßt seinen Finger über die Glasscheiben schleifen, durch die sein Blick in die Büros seiner Angestellten fällt. Manchmal kommt ein Türrahmen, dann schlägt es dumpf an seinen Zeigefinger, dann wieder Glas. Wie der Stromabnehmer einer Eisenbahn bleibt sein Finger verbunden mit diesen Arbeitsbiotopen, welche Unebenheiten auch kommen: Türrahmen, Wände, Glasscheiben, wieder Türrahmen, wieder Glasscheiben. Lautlos sein Gang auf dem geräusch- und farbenfressenden Spannteppich. Totenstille. Nur ab und zu das Quietschen seines Fingers auf Glas.

Der Spannteppich ist sandbraun und läßt Gehrers Schritte federn. Zum ersten Mal fällt ihm auf, wie leicht er vorankommt – aber vielleicht hat das mit seinem Stromabnehmer zu tun, der die Wände entlangfährt. Die Luft synthetisch und rein, umgewälzt und gefiltert, also gerade richtig, um Zähne in saftige Projekte zu versenken. Ansporn an allen Ecken und Enden.

06:54 Uhr. Auf der Toilette zupft er die Krawatte zurecht. Neben ihm das Spiegelbild des Wasserbechers, unverrückt seit gestern nacht. Gehrer entschließt sich, nicht daran zu denken. Er verläßt die Toilette. Steht schon im Gang draußen, kehrt um, tritt nochmals vor den Spiegel. Der Krawattenknoten sitzt perfekt – so straff wie seit dem Eintrittsgespräch nicht mehr. Auch die Haare laufen in geordneten Bahnen über seinen Schädel. Gehrer wandelt durch die toten Korridore und denkt: Das wäre nicht nötig gewesen. Was er auch denkt: Mit dieser Einstellung wird es nicht gut enden.

Das Summen von Neonlicht.

Zu beiden Seiten gähnen die Einzelzellen der Büros. Bildschirme zeigen Symbole der Langeweile – ein Rohrgeäst, das sich ausbreitet und in sich verknotet, bis es nicht mehr weiterkommt, bis der Bildschirm voll ist, um sich ohne Pause wieder von neuem zu verknoten. Oder: eine blinkende, dreidimensionale digitale Uhrzeit, die, sich epileptisch um alle Achsen drehend, über den Bildschirm huscht. Sie zeigt 06:58 Uhr und blinkt und dreht. Am schönsten sind Fische, findet Gehrer, bunte Korallenfische, die durch einen Zufallsgenerator über den Bildschirm geschickt werden, ohne daß sie je zusammenprallen. Gehrers Sekretärin hat einmal ein Zusatzprogramm für $ 4.95 heruntergeladen, das hin und her schwingende Schlingpflanzen, Seesterne und winzige, blasenabsondernde Taucher mit bunten Flossen in diese zufallsgesteuerte Welt zaubert. Ein Upgrade auf Firmenspesen, wie Gehrer einen Monat später bemerkt hat. Gesagt hat er dann nichts. Er ist froh um seine Sekretärin, die ihm den scheußlichsten Teil seiner Arbeit abnimmt.

07:00 Uhr. Gehrer steht wieder vor der geschlossenen Tür. Das Schildchen steht auf Grün (frei), aber Gehrer weiß, daß es auf Rot (besetzt) stehen sollte. Stimmen.

07:01 Uhr. Gehrer versteht nicht, weshalb die jugendliche Lockerheit nicht da ist. Zweimal auf die Toilette, um zu prüfen, ob der Krawattenknoten sitzt, ist lächerlich. Gehrer lockert die Krawatte. Er fährt sich durchs Haar, um bewußt eine Spur der Unordnung zu legen.

07:05 Uhr. Plötzlich ist er unsicher. Hatten sie ihn vielleicht doch auf 06:30 Uhr herbestellt? Gehrer hört nochmals die Meldung auf seiner Message-Box ab. Aber dort ist explizit von 07:00 Uhr die Rede, Konferenzraum, achtzehnte Etage. Er befindet sich in der achtzehnten Etage, das ist klar, weil sämtliche Büronummern mit achtzehn beginnen – 1824, 1825, 1826. Außerdem steht er vor dem Konferenzraum, auch das steht auf dem Türschild.

07:15 Uhr. Die Tür springt auf. Zwei Herren – der CEO und der Personalchef – begrüßen Gehrer mit ausgestreckten Armen und versuchen, Entspanntheit vorzutäuschen.

07:16 Uhr. Jawohl, der strenge Winter draußen.

07:17 Uhr. Noch immer der Winter.

07:18 Uhr. Genug des Small talks. Jetzt kracht die Welt just über Gehrers Kopf.

07:21 Uhr. Einen Atemzug lang die Hoffnung, es handle sich um eine voreilige Verwechslung der Dossiers.

07:22 Uhr. Aber es gibt nur einen Gehrer in der Firma, und daß sein Vorgesetzter persönlich mit ihm spricht, ist ein deutliches Zeichen, wer gemeint ist.

07:23 Uhr. Der Fall ist klar.

Gehrer noch immer in der überflüssigen Pose des Zuhörenden: Die aufgestützten Arme imitieren einen gotischen Spitzbogen, dessen Wölbung ein Kinn trägt.

Leider fällt kein Vorhang.

Zuerst nimmt er's als Nachricht. Er sagt: »So«, oder: »Verstehe« – so wie man eine Schlagzeile zur Kenntnis nimmt –, eine Vergangenheit, die bloß noch berichtet werden mußte.

Eine Kündigungsfrist kommt zum Tragen.

Ebenso wie die meisten Schlagzeilen, ist auch diese Nachricht nicht weltbewegend.

Drei Herren am Tisch verhalten sich ausnahmslos höflich und gefaßt.

Organisationssoziologisch gesehen ein höchst interessanter Fall: eine Organisation, die sich von ihren eigenen Teilen trennt. Gehrer interessiert sich in diesem Moment nicht für Soziologie. Das denkt höchstens der CEO, der schon mehr als genug Entlassungen – aktiv, nie passiv – hinter sich hat.

Gehrer sitzt am Tisch, nicht anders als sonst, die Hände ineinandergelegt, eine Mahagoniplatte beschwerend, sein Oberkörper leicht nach vorne geneigt, der Kopf schief wie bei Schaufensterpuppen manchmal, wach, keinesfalls nervös, konzentriert wie beim Schachspiel, aber nicht angespannt, eher eine Spur zu locker, zwischendurch läßt er einen Kugelschreiber zwischen den Fingerkuppen drehen – auch diese Bewegung wie sonst –, drückt die Mine ein und aus, das Knacksen in seinen Händen, dann ruhen die Finger wieder. Der Blick wie üblich auf seinen Händen, als sei allein dort das Denken zu finden. Wenn er aufschaut, ziehen sich die Augen unmerklich zusammen, werden dunkel und echsenartig, als hätte er sich zu schützen vor den Blicken der anderen und ihren ausgelöschten Erwartungen. Hinter einer Brille wäre er sicherer, das weiß er. Ohne Brille fühlt er sich nackt, und so fühlt er sich schon seit Jahren.

Niemand möchte unnötige Worte verlieren.

Die Nachricht liegt auf dem Tisch wie eine Kröte. Jetzt muß er sie bloß noch runterschlucken.

Gehrer möchte sich jetzt am liebsten ausknipsen und morgen wieder erscheinen oder gar nicht mehr.

Aber er ist da, das sieht er selbst. Ein Tisch, dunkelrot mit glänzendem Lack, spiegelglatt wie ein Eisfeld und breit wie ein Kontinent, erstreckt sich unter seinen gefalteten Händen, und für einen Moment kommt er sich vor wie ein Astronaut, schwebend über tausend winzige Farbpartikel und abgeschliffene Astringe, eingefroren unter der Glasur des Lacks; und dort, wo die Welt zu Ende kommt, weit weg, am anderen Ende, zwei fragende Augenpaare, reglos, jede seiner Bewegungen aufsaugend.

Totenstille.

Gehrer nimmt seine Hände vom Schlachtfeld, legt sie um die gerundete Tischkante, als hätte er einen vollbeladenen Einkaufswagen zu schieben, stößt sich zurück bis an seine Rückenlehne und noch ein bißchen weiter, bis seine Arme ganz durchgedrückt sind und seine vorderen Stuhlbeine einen Fingerbreit in der Luft hängen. Luft pufft durch seine Nase, nur einmal, das genügt, um sich selbst davon zu überzeugen, daß er noch da ist oder daß er zumindest denkt.

Gehrer muß seine ganze Energie darein investieren, daß sein Gesicht nicht verrutscht oder zerfällt.

Wie weiter?

Er kann nicht in dieser Stellung verharren, bis seine dreimonatige Kündigungsfrist abgelaufen ist. Die Unmöglichkeit, einfach aufzustehen und zu verschwinden.

Was erwartet man jetzt von ihm? Daß er aufspringt, den Stuhl packt und ihn, begleitet von urbrünstigem Fluchen, durchs Fenster schleudert? Daß er sich selbst durchs Fenster schleudert?

Totenstille über der Mahagoniwüste. Nur sein Atem.

Er muß sich darauf konzentrieren, daß seine Gedanken jetzt nicht zerfallen wie eine Sandskulptur am Strand, der Kante um Kante wegbricht, bis nur noch ein Sandkegel daliegt und auf die anrollende Flut wartet, die ihn ganz einebnen wird. Erosion der Gedanken, während alles um den Tisch herum schweigt. Das Schweigen selbst wie ein Ton, ein dröhnender, ein schneidender Ton. Man müßte sich Wachs in die Ohren stopfen oder zumindest die Finger, die aber kleben am Tischrand und garantieren die Distanz gegen den Ansturm der Gravitation – seit einer halben Ewigkeit schon. Ohne den Einsatz von physischer Kraft würde es ihn gegen den Tisch schmettern, und er würde mit dem Kopf auf der Tischplatte aufschlagen.

Manchmal läßt sich die Gegenwart nicht durch Denken aufhalten!

Kein Gesetz verlangt die Angabe von Gründen.

Plötzlich: ein kleiner, unverschämter Genuß von Niederlage.

Als wäre ihm eine tiefsinnige Frage gestellt worden: Gehrer wischt sein Wasserglas wie ein Häuflein Brotkrümel zur Seite, macht reinen Tisch, richtet sich auf, noch immer sitzend, dann senkt er seinen Blick auf die leere Tischfläche, als tue sich dort ein entsetzlicher Schlund meterweit auf, so starrt er einen Moment und sucht eine Antwort, schweigt, schweigt so lange, bis Schweigen unmöglich wird, dann faßt er sich, wird wieder ganz Manager, streicht sich mit zwei Fingern die Krawatte gerade, räuspert sich, trennt mit der Zunge die Lippen und formt Sätze wie: »Meine Herren, zum Thema Abgangsentschädigung...«, oder: »Was die Sprachregelung gegenüber den Mitarbeitern betrifft...«

Und doch, Gehrer ist verlegen: Das kann ihm doch nicht einfach so passieren. Ihm doch nicht! Er, der den Erfolgs-Hengst geritten hat wie kein zweiter. Plötzlich fällt sein Karrierepferdchen tot um. Gehrer steht da, verdutzt, wischt sich den Staub vom Maßanzug.

Stillschweigen wird vereinbart. Es soll nichts an die große Glocke gehängt werden – die wird dann später von selber läuten.

Die Personalakte Gehrer wird geschlossen. Sie schließt sich leicht wie ein Sargdeckel.

Das Organigramm in seiner Tasche hat jetzt mindestens einen Fehler.

Inzwischen ist es 08:00 Uhr. Leben entwickelt sich in den Gängen. Lichter gehen an, Zeitungen werden aufgeschlagen, Automaten tauschen Kleingeld gegen heißen Kaffee.

Dreißig Minuten genügen, um einen Schreibtisch zu räumen. Das ist die deutlich geäußerte Meinung seines Vorgesetzten, der nur noch dreißig Minuten lang sein Vorgesetzter sein wird. Es sei besser für ihn und besser für die Firma, wenn er noch heute packe – genauer: in den nächsten dreißig Minuten. Selbstverständlich bleibe sein Lohnteppich noch ganze drei Monate lang ausgerollt.

Das ist nicht unmenschlich, sagt ihm auch der Personalchef.

Für den Moment denkt Gehrers Hirn das, was alle denken, wenn sie fristlos einen neuen Lebensabschnitt antreten: Denen werde ich's zeigen!

Seine Sekretärin nimmt das Wort »schrecklich« in den Mund, sogar mehrmals. Dann setzt sie sich wieder hinter ihren Bildschirm und erledigt vorbildlich ihre scheußliche Sekretärinnenarbeit.

Vielleicht hat der amerikanische Managementguru Tom Peters doch recht: »Nur Idioten arbeiten für Großfirmen.«

Gehrer versteht: Die Arbeitskollegen sind unter Druck. Sonst gäb's eine gigantische Solidaritätskundgebung auf dem Firmenparkplatz. Davon ist Gehrer überzeugt.

Die Harddisk seines Laptops wird einer chemischen Reinigung unterzogen. Die IT-Abteilung ist dafür zuständig. Dort werden auch die paar Pornoflecken ausgewaschen werden. Es wird ein schöner Tag werden für die IT-Leute, denkt Gehrer.

Gehrer erhofft sich bewußt keine Blumen zum Abschied. Gehrers Hoffnung geht in Erfüllung.

Die Arbeitskollegen müssen noch immer arbeiten, sonst würden sie sich persönlich bei ihm verabschieden.

Auch das glaubt er.

Die Solidaritätskundgebung auf dem Firmenparkplatz findet nicht statt. Er hat den Arbeitsanfall der Belegschaft richtig eingeschätzt.

Der Personalchef, der jetzt noch zehn Minuten lang sein Personalchef sein wird, sagt, er hoffe auf ein Wiedersehen. Er drückt gute Wünsche aus. Gehrer äußert sich auch etwa in diesem Sinn.

War es nicht Gehrer selbst, der die Arbeitslosen jahrelang als Arbeitsunwillige beschimpft hatte? Mühe, qualifizierte Arbeitskräfte zu finden, und so weiter.

Es sammelt sich weniger Material an als angenommen. Das meiste ist geschäftlich, und das soll auch so bleiben. Der CEO hatte recht: Dreißig Minuten genügen. Ein CEO hat meistens recht.

Ob er seinen kleinen Stolz der letzten Jahre – die eingerahmte Auszeichnung für die beste Werbekampagne der europäischen Softwareindustrie – mitnehmen dürfe? Der Personalchef steht am Fenster, die Arme verschränkt, und läßt eine großzügige Antwort fallen. Man könnte Freunde sein. Aber das denkt Gehrer jetzt extra nicht.

Jetzt ist alles gepackt, und Gehrer möchte Jeannette Bescheid sagen, daß er heute etwas früher zu Hause sein wird, er hebt den Hörer, aber die Telefonanlage kennt schon keinen Gehrer mehr.

Was übrigbleibt, paßt in einen Karton.

Das Häuflein Asche wird hinausgetragen und vom Kofferraum des Geschäftswagens verschluckt. Aber da schwenkt der Personalchef, der jetzt nicht mehr sein Personalchef ist, seinen Zeigefinger – man werde ihm sofort ein Taxi rufen. Daran hat Gehrer nicht mehr gedacht! Es wird noch viel geben, woran er jetzt erst denken muß.

Gehrer denkt einen Moment lang an eine große Rundreise mit dem Firmenwagen, denkt dann schnell etwas kleiner, zum Beispiel an eine Fahrt um den Firmenparkplatz mit dem stampfenden Personalmensch im Schlepptau. Das macht Freude! Dann kommt das Taxi, und seine Gedanken sind wieder anständig. Die Überreste einer achtjährigen Tätigkeit werden umgeladen, und ab geht's auf eine Reise nach Hause.

In der Heckscheibe schrumpft ein Firmenhauptsitz zusammen, bis man ihn mit dem Daumen abdecken kann.

Seine langgehegte Vermutung jetzt als Wahrheit. Endlich ist der Beweis erbracht, daß es mit dem Leben nicht immer vorwärts geht.

Gehrer sagt sich: Mit 40 hat er das Leben noch vor sich, sein älterer Vorgesetzter bald hinter sich – in diesem Sinn also ein Nachgesetzter –, und Gehrer lacht und pflückt in Gedanken Blumen.

Gehrer triumphiert, als sei er von seiner Existenz befreit. Aus eigenem Antrieb hätte er diesen Schritt nicht gewagt, oftmals braucht es die Hilfe des Schicksals. Er könnte nach Hause kommen und sich seine frisch gewonnene Freiheit wie einen Orden an die Brust stecken.

Vielleicht wird er ihr auch einfach nichts sagen. Nichts. Gar nichts.

4

Sein erster Tag als Manager außer Dienst.

Man muß sich nur so lange auf das Ticken der Aufziehuhr konzentrieren, wie es die Eier überwacht. Meistens tickt dann die Uhr noch ein bißchen weiter, nachdem es schon geläutet hat, bis die Feder ganz entspannt ist. Noch hat es nicht geläutet. Es tickt nur. Wasser kocht. Ab und zu schlagen Eier an die Blechwände des Topfes. Ihre Tasse ist halb leer. Also nachschenken. Auch das ist schneller getan, als man denkt – alles ist schneller als das Denken: Krug heben, auf die Tasse zielen, den braunen Strahl fallen lassen, Gurgeln, fertig. Jetzt hat Jeannette wieder eine volle Tasse. Warum sagt er's ihr nicht?

Er versucht, irgend etwas zu denken, denkt, man müßte jetzt etwas durchs Hirn pumpen, etwas, eine Idee, eine Erinnerung, eine Landschaft – Winterlandschaft, Äste, schwarz und hart, gleißende Hügelkuppen im Gegenlicht –, und es gelingt tatsächlich, die Bilder kommen, ansatzweise und schleppend, stemmen sich gegen die Gegenwart, wie ein Mann, der sich mit baren Händen gegen eine Staumauer stemmt, um deren Zusammenbruch zu verhindern. Dann bricht sie doch ein. Die Gegenwart rauscht, gurgelt, überflutet ein Tal, reißt einen Mann davon, auch die Trümmerstücke.

»Was ist los mit dir?« Gehrer läßt gerade einen Strahl Orangensaft in ihre Kaffeetasse fallen. »Du bist verwirrt.« Gehrer versucht nicht abzustreiten: »Entschuldige.« – »Wenn dir nicht wohl ist, Schatz, dann bleib heute besser zu Hause.« Kuß. Weg ist sie.

Stille. Ob sie etwas gemerkt hat?

Gehrer bleibt sitzen und hofft auf ein Nachbeben, das die Situation wieder in Ordnung bringen könnte. Aber nichts als Stille. Das Beben hat seinen Dienst getan. Ganze Arbeit.

Gehrer steht auf und verkriecht sich ins Badezimmer.

Auch nach Stunden: die Unmöglichkeit, sich aufzuraffen, den Hahn zuzudrehen, sich abtropfen zu lassen. Duschen, bis einem Schwimmhäute wachsen. Stundenlang eingepackt in einen heißen Wasserfall. Material, das von oben anbraust, kontrolliert, in einem Kranz von Pfeilen, militärisch ausgerichtet, ein Wasser-Defilee, hart und dicht, bis sein Schädel dieser Ordnung dagegenhält. Unaufhörlich. Niemand würde merken, wenn es stets dasselbe Wasser wäre. Gehrer unterläßt es, zum Test hineinzupinkeln...

Wasser bleibt Wasser, Wasser aus einer Brause Typ 4c, Wasser, hergeleitet in dünnen Rohren, durch harte Ventile, Wasser, herausgepumpt, gefiltert, aus einem See, der manchmal im Regen ersäuft.

Am widerlichsten sind stets die Zehennägel – tierhaft und unnötig, zu lang, nie ist die Zeit günstig, sie zu stutzen. Selbst nicht, wenn man einen Tag lang unter dem dampfenden Wasser steht. Wenn man lange genug in der Dusche steht, braucht man sich gar nicht mehr zu bewegen. Das Wasser überzieht den Körper gleichmäßig wie ein Taucheranzug aus schwerem warmen Gel. Flüssigkeit in Körpertemperatur. Fruchtwasser.

Man kann sich die Gegenwart nicht wegduschen.

Kein vernünftiger Mensch würde erwarten, daß der Schnee draußen auf der Straße und Wasser dasselbe sind, denkt er jetzt, außer man lebte auf der Erde und hätte aus eigener Anschauung erfahren, wie aus Schnee Wasser wird. Er weiß wirklich nicht, warum ihm solche Dinge in den Sinn kommen – unter der Dusche. Auch die Frage, wie Schnee überhaupt zu beschreiben sei: weiß, pulvrig, zuckerkalt, trockenstaubig, mehlig, saugfähig, Frotteetuchschnee, zerriebener Alabaster. Von weitem: Schlagsahne über sanften Hügeln, Salzlachen, ausgeflossenes Sternenlicht, das Gegenteil von schwarzer Hitze, Eiswolle, Papiermehl, Granitstaub, Kunststoff-Füllmaterial, trockene Styroporkörner, die sich zu Platten pressen lassen, zu Quadern für den Bau, die man verleimen könnte, aufstapeln und lagern. Aber nichts würde darauf hindeuten, daß Schnee in Menschenhand zu Wasser wird. Manchmal fragt er sich, wie roter Schnee wohl aussehen würde. Blut durch eine Schneekanone gepumpt.

Plötzlich: Geräusch in der Wohnung. Eine Tür fällt ins Schloß. Gehrer dreht das Wasser aus. Haut, weich wie Camembert. Es ist Abend geworden. Gehrer tropft. Jeannette steht in der Wohnung.

Später leert er zwei Flaschen Wein und tischt Jeannette inkonsistente Geschichten von einer vermeintlichen Marketingtagung auf. Sein verworrenes Geschwätz. Zum Glück ist Jeannette erschöpft von einem Arbeitstag in der Kanzlei. Sie ist froh, wenn der Moment da ist, wo man sich gemeinsam entscheidet, zu Bett zu gehen.

5

Kälte mit Greifzangen. Man kann nicht den ganzen Tag lang durch die Straßen schlendern und Schaufensterpuppen zählen!

Nach fast vierzig Jahren Sitzen wachsen einem keine Pferdehufe über Nacht. Der Mensch ist nicht zum Fußgänger bestimmt. Besonders nicht bei solchen Temperaturen. Deshalb hat er als einzige Spezies dieser Erde das Café erfunden, das menschliche Substitut für das In-den-Bäumen-Hängen oder Auf-der-Weide-Liegen, Labsal der Zivilisation, eine Erfindung, die Gehrer angesichts seiner körperlichen Erschöpfung an diesem ersten Tag auf der Straße gern in Anspruch nimmt. (Es ist erschreckend provisorisch, was uns vom Tier unterscheidet...)

Reihenweise leere, blankgescheuerte Tischchen, als befände sich das Lokal noch in der Testphase. An vier, fünf Orten wird mit lebendigen Kunden experimentiert, ansonsten machen die Tischchen weite Münder. Stille. Keine einfache Wahl. Gehrer steuert eine Sitzkoordinate an, die die Summe aller Distanzen zwischen ihm und den anderen Gästen im Raum maximiert.

Gehrer, ungeübt in der neuen Rolle als Entlassener, faltet seinen schweren Wintermantel ein- oder zweimal zuviel und legt das dicke Bündel Stoff auf den gegenüberliegenden Stuhl. Tatsächlich: Was Gehrer gemerkt hat, hat auch sein Mantel gemerkt: Das ist kein Ort. Er beginnt anzuschwellen, sich auseinanderzudrehen, und plötzlich fällt das Bündel auf. Jetzt liegt der Mantel wie ein Kadaver über dem Stuhl – ein Fetzen, es könnte ein Ärmel sein, hängt knapp über dem Boden. Ein Toter – noch ohne Gesicht. Gehrer wagt endlich den Gang quer durch das Café zur Garderobe, dort wo die anderen Mäntel und Jacken hängen. Dafür ist sie ja da, die Garderobe. Einen zerknitterten Mantel wird niemand aus Versehen mitnehmen.

Die Kaffeetischchen sind aus Metall. Die Stühle ebenfalls. Metall, matt wie graues Papier, eine Farbe, in der Kinder einen Esel zeichnen würden, denkt er, er weiß es nicht empirisch, welches Grau Kinder als Eselsfarbe bevorzugen, Gehrer hat keine Kinder.

Die Serviererin ist nicht aus Metall. Sie steht vor ihm wie ein Befehl. Gehrer betrachtet seine Fingerkuppen. Auf ihnen liegt weder Blei noch ein spezifischer Durst.

Als sie gegangen ist, denkt er: Kein Beschäftigter schlendert mitten am Nachmittag in ein Café und bestellt einen Tee. Nur ein Kranker bestellt einen Tee! Als die Serviererin mit dem Tee kommt, hat es auch Gehrer gemerkt, daß er nicht krank ist, nur arbeitslos, daß er keinen Tee hätte bestellen sollen, sondern vielleicht ein Bier oder ein Glas Wein, er kann sie ja nicht fragen, was man als Arbeitsloser bestellt, deshalb ein Bier, jawohl, vom Offenausschank natürlich, den's hier nicht gibt, wie Gehrer nach einem beiläufigen Rundblick durch den Raum feststellt, also ein Flaschenbier, ein großes, bitte schön, den Tee kann sie wieder mitnehmen, vielen Dank, Tee sei für Kranke. Die Serviererin findet's nicht komisch, aber sie tut, was ihr von Kundenseite her aufgetragen wird, so wie dies Gehrer von seinen Verkäufern auch stets erwartet hatte.

Anzug. Krawatte. Offensichtlich: Gehrer ist overdressed. Dagegen helfen keine Gedanken. Es hilft nicht einmal, die Krawatte zu lockern – das sähe ohnehin wie nach einem soeben gefeuerten Manager aus, glaubt er –, also dann doch lieber Krawatte ganz weg. Also weg. Wie weiter? Zeitung? Wie kann man ohne Zeitung das Haus verlassen? Kein Fetzen Text in seinem Jackett oder in seinen Hosentaschen. Auch nicht in seiner Brieftasche. Nur Banknoten, und Gehrer liest zum ersten Mal in seinem Leben, was auf Banknoten gedruckt steht. Es ist wenig. Zum Glück kommt das Bier. Es landet geräuschvoll und ohne Bierdeckel auf dem Metalltischchen. Wie weiter?

Kühler Schaum tropft von seiner Oberlippe. Bierschaum mitten am Nachmittag, der produktivsten Zeit des ganzen Tages! Gehrer hat sich schon verraten, wenn er so denkt, unschlüssig, ob er den Arbeitslosen spielen soll oder den Beschäftigten, unschlüssig über den weiteren Verlauf dieses Tages, denn es stünde ihm ja nichts im Weg, der Welt die Wahrheit zu sagen.

Der oft Jahrzehnte währende, mit dem Eintrittsgespräch beginnende Absturz einer Karriere …

Wider Erwarten kein Latein auf Banknoten – eine Beobachtung, die ihn seltsam verdutzt –, aber damit steht das Problem des Tages wieder vor ihm. Die Straßen, die er durch das Fenster sieht, gleichen den Straßen, die er kennt. Man muß der Welt draußen Zeit lassen, anders zu werden, Zeit, bevor man sich wieder hinauswagt, sagt er sich.

Mit einem Bierdeckel ließe sich allerlei anstellen.

Wenn er das Glas bewegt: Das Restbier dreht entweder links- oder rechtsherum. Bald ist auch das erforscht.

Denkbar, daß an den anderen Tischen lauter Arbeitslose sitzen, Gesichter in gleichgültige Falten gelegt, die Zeitungen mehr durchblätternd als lesend. Man könnte sich verbrüdern.

Aussätzige erkennt man auch vor fremden Toren – und das schon von weitem...

Die Hinterhältigkeit von Bier. Man nimmt größere Schlucke als bei anderen Getränken. Es fällt tief und kühlt die Speiseröhre von innen her aus. Danach hat man das Gefühl, es lägen einem Billardkugeln im Magen.

In der Ecke drüben sitzt eine Frau, dem Aussehen nach jünger als Gehrer, und ordnet Fotos, die sie soeben hat entwickeln lassen, Fotos von einer Reise vielleicht, einem Betriebsausflug, ihrer Verlobung, alles möglich, jedenfalls kramt sie die Fotos aus den gelben Kuverts des Fotolabors, kritzelt etwas auf die Rückseiten, führt sie sodann verschiedenen Stapeln zu, die sich vor ihr auftürmen. Kuvert um Kuvert. Ihr Haar leuchtet hell und ist an den Spitzen verwirbelt.

Gehrer tupft sich mit dem Taschentuch den Bierschaum von den Lippen, steht auf, streicht sich mit der flachen Hand die Krawatte zurecht, bis er merkt, daß er keine mehr trägt, knöpft sich den Zweireiher trotzdem zu, zupft die Hemdsärmel einen Fingerbreit über den Anzug hinaus, läßt Manschettenknöpfe zur Geltung kommen und schlendert an der Frau vorbei – auf einem Umweg zur Toilette.

Also New York: Eine Dame im blütenweißen Sommerkleid, triumphierend, mit dem Gesicht winkend, mit beiden Händen ihr blaues Kopftuch haltend, der Wind zerrt es von rechts nach links aus dem Bild, die Falten des weißen Kleides ebenfalls, die Freiheitsstatue bleibt, wo sie hingehört, im Hintergrund. Das Wasser schwarz mit weißem Glimmer, Möwen, ein Schwarm lachender Möwen. Ein prächtiger Tag. Gehrers Momentaufnahme einer Momentaufnahme auf dem Schlenderkurs zur Toilette. Er ist sich nicht einmal sicher, ob es die Frau selbst ist, die auf dem Foto gegen den Wind kämpft. Er erkennt bloß: Battery Park, Südspitze Manhattans.

Gehrer war beruflich oft in New York, er kennt die Stadt wie seinen Körper, ein ungezwungenes Gespräch mit der beschäftigten Dame über New York zumindest möglich, denkt Gehrer, während er vor dem Pissoir steht und nicht weiß, was er hier soll, er steht breitbeinig und mit offenem Hosenlatz da und kratzt mit seinem Blick die Wand vor sich auf; es kommt nichts, nur zähflüssige Gedanken, er muß sich nicht einmal die Hände waschen, also tritt er wieder hinaus, schlendert in betont gleichgültigen Schritten ein zweites Mal an der Dame vorbei – jetzt anscheinend auf einem Ausflugsboot, die Freiheitsstatue als mächtiger Schatten, ein Gewirr aus Möwen, das Gebirge einer Stadt im Hintergrund –, setzt sich wieder ans Tischchen und schaut ihr zu, wie sie Foto um Foto aufschichtet, in Gedanken versunken. Gehrer spielt die Permutationen eines Gesprächs durch. Er hätte tatsächlich einiges zu dieser Stadt zu sagen, Dinge, die sie durchaus interessieren könnten, die besten Jazzlokale zum Beispiel, die Geschichte der Wall Street oder die Reize des Central Park im Frühling, Gehrer, wie gesagt, hätte einiges zu berichten, sogar Unterhaltendes, aber er bleibt an seinem Tischchen sitzen. Nachdem er erfahren hätte, wie großartig ihr die Stadt gefallen hat und er seinen New-York-Kram losgeworden wäre: Pause. Man hätte sich auf ein Glas Wein geeinigt oder zumindest auf eine Tasse Kaffee, dann Themenwechsel: »Und was machen Sie beruflich?«

Eine Frage wie eine Handgranate.

Es gibt keinen Grund, zu verzweifeln, wenn ein amtliches Formular den Beruf wissen will. Gehrer ist nach wie vor Marketingspezialist (oder Manager, Executive, Vice President, kaufmännischer Angestellter et cetera). Heikler, viel heikler dieselbe Frage, wenn sie persönlich gestellt wird: »Und was machen Sie beruflich?«

Bei Frauen: »Ich bin Hausfrau« – eine mutige Antwort, meist geliefert mit dem Vorwurf, daß sie überhaupt gestellt wurde. Schließlich hat sie Kinder, und das dürfte dem Fragenden bekannt sein. Die Gehrers haben keine Kinder. Jeannette ist keine Hausfrau und schon gar nicht Gehrers Kindermädchen...

Es gibt Berufe, bei denen die Angabe der Berufsbezeichnung genügt. Zum Beispiel »Ich bin Arzt«, »Ich bin Rechtsanwalt« – selbst dann, wenn der Beruf momentan nicht ausgeübt wird. Ein arbeitsloser Architekt wird immer antworten können: »Ich bin Architekt, und Sie?« Bei den meisten Berufen geht das nicht. »Ich bin Manager« oder »Ich bin Marketingleiter« impliziert automatisch, daß die Tätigkeit aktiv ausgeübt wird. Ein Manager ohne Arbeitgeber ist kein Manager, sondern ein Arbeitsloser. Ebenso ein Marketingleiter.

Es gibt Berufe, die man ernster nimmt (Pilot, Chirurg, Pianist) als andere (Skilehrer, Kindergärtnerin, Windsurf-Instruktor). Überhaupt scheinen Berufe, bei denen das Belehrende überwiegt, lächerlicher abzuschneiden.

Es wäre unsinnig zu antworten: »Was kümmert Sie das?« Man ist der Frage ausgeliefert wie dem Wetter.

Unter Männern wird sie früher gestellt als unter Frauen. Von Mann zu Frau früher als von Frau zu Mann. Aber sie kommt jedesmal, es sei denn, man verkriecht sich in die Wälder.

Man stelle sich vor: Simplicissimus (oder Don Quichotte) wandert durch die weiten Landschaften, trifft auf Menschen und fragt: »Was machen Sie beruflich?« Insofern eine moderne Frage.

Die Frau, mit der es zu keinem Gespräch kommt, nicht einmal zu einem Augenkontakt, schichtet noch immer Fotos auf. Man müßte jetzt einen Einfall haben. Gehrer weiß: Seine Geschichten sind dieselben schon seit Jahren. Daß er beruflich die ganze Welt bereist hat, macht aus ihm keinen Amundsen.

Der Mangel an Beschäftigung an diesem zweiten Tag als selbständig Nichterwerbstätiger.

Jetzt bügelt Gehrer verrunzelte Geldscheine mit dem Zeigefinger. Es erstaunt ihn, daß sie sich wie verdorrte Eichenblätter anfühlen.

Auf den Banknoten steht nirgends, der Mensch habe sich über den Beruf zu definieren. Statt dessen zeigen sie in abstrakten Darstellungen Landesgrößen, die ausnahmslos keine Angestellten waren.

Das hört er nicht selten: Wer die Arbeit vor das Leben stellt, dem wachsen die Arterien zu. Bis eines Tages das Hirn im Leeren schaufelt. Dann muß der

Mensch aufgeschlitzt werden. Weiße Mäntel gukken ohne Verwunderung in die Bescherung hinein, unterhalten sich über mögliche und unmögliche Verflüssigungsmaßnahmen. Es werden Umleitungen erstellt, zusammengesteckt, ausgeschildert – triple und quadruple –, so daß es den Blutkörperchen freigestellt bleibt, den Stau links oder rechts zu umsickern. Wenn alles funktioniert, wacht der Mensch in frischen Laken auf. Er ist dankbar, daß man ihm das Leben verlängert hat. Jetzt stellt er das Leben vor die Arbeit. Er hält diese Verarmung eisern durch. Über Jahre. Das Blut zirkuliert geschwind, bis es an der Unergiebigkeit des Alltags vertrocknet.

Die Antwort auf die Frage »Und was machen Sie beruflich?« sagt wenig über die Person aus. Die Frage setzt voraus, daß sich der Beruf in irgendeiner Art mit der Persönlichkeit des Berufsausübenden deckt, was selten der Fall ist. Gehrer weiß: Die meisten sind irgendwie und irgendwo in einen Beruf hineingefallen – wie auf einen dummen Scherz –, und jetzt finden sie ihn spannend oder nicht. Viel ergiebiger die Frage: »Was möchten Sie beruflich tun?« – aber das geht nicht, wenn man wie jetzt in einem Café sitzt. Es geht auch sonst nicht.

Noch immer keine Bierdeckel, mit denen man einen Turm bauen könnte.

Fluchen hilft nichts.

Banknoten zählen – es ist lächerlich! Gehrer steckt sie ein.

So geht es nicht.

Plötzlich, als sei ein Schuß gefallen, wacht Gehrer aus seiner Versenkung auf. Ein Rest Bier wartet in seinem Glas. Noch immer fehlt der Untersatz, und Gehrer ist einen Atemzug lang verwundert, daß ihn diese Tatsache überrascht.

Die Frau ist weg. Der Tisch mit den Fotos abgeräumt. Gehrers Mantel hängt als einziger an der Garderobe. Draußen wird es dunkel.

Warum zum Teufel hat er's Jeannette gestern nicht einfach gesagt? Was soll die Lügerei im eigenen Haus? Nach einem letzten Zug liegt das Bier im Magen und schäumt. Er nimmt es sich vor, für heute abend.

6

Er kauft ihr Blumen – warum Blumen? –, einen Strauß wie für eine Operndiva. Warum kleinlich werden in solchen Momenten? Schließlich steht die Ankündigung eines neuen Gehrer bevor, eines Mannes, der sich endlich selbst finden wird. Schluß mit der Jammerei. Man wird seine zweite Geburt feiern! Der Strauß steckt in der Vase, läßt die langstieligen Rosen nach außen wippen – ein wohlriechender Riesenpilz aus Schnittblumen.

Jeannette meldet, daß sie es nicht schaffe, vorher nach Hause zu kommen – eine Telefonkonferenz mit internationalen Klienten, wie immer –, sie würde ihn direkt im Restaurant treffen. Dem Strauß kommt damit eine bedeutend kleinere Rolle zu als ursprünglich geplant; die offizielle Ankündigung seiner neuen Lebensumstände ist somit auf das Abendessen verschoben.

Restaurant Kronenhalle. Kellner in Weiß, Kellnerinnen in schwarzen Schürzen – ein Hauch von fünfziger Jahren. Das Klingen der Gläser, das beherrschte Klappern von Silberbesteck und Geschirr, wenn es aufgetischt und abgeräumt wird. Das gleichmütige Rauschen von Konversation. Keine Kerzen, dafür pfundweise Kunst an den Wänden. So, als würde er nochmals um ihre Hand anhalten, da er bald ein anderer sein wird. Schluß mit dem verbitterten Gehrer! Schluß mit der Angst! Eine Verwandlung, die alle bestehenden Verhältnisse negiert. Also: sich nochmals verlieben, nochmals verloben, nochmals heiraten. Er wird's anders machen in diesem anbrechenden Leben! Er wird's ihr sagen, geradeheraus, von Mann zu Frau, eine Tatsache, die wie nur wenige Tatsachen einer feierlichen Ankündigung bedarf.

Jeannette entzückt. Gehrer angespannt, seltsam wortkarg, schaufelt im rahmigen Salat. Er hört mehr zu, als er ißt. Dafür schüttet er Wein literweise herunter. Nach dem ersten Gang und den ersten zwei Flaschen taut er auf, lacht, beginnt zu summen, tanzt Pirouetten mit Messer und Gabel auf dem Tischtuch, wie Schlittschuhläufer, man prostet sich zu, noch ein Schluck. Gehrers Hirn denkt alle Varianten der Spieleröffnung durch. Dann, plötzlich und ohne besonderen Anlaß, springt das Wörtchen »Beförderung« heraus, und Gehrer erschrickt – das hat er natürlich nicht gemeint, »Beförderung«, er hört es noch als Echo, vielleicht hat es ein Kellner im Vorübergehen gesagt oder jemand am Nachbartisch, vielleicht gar Jeannette, auf jeden Fall weiß er nicht, warum ihm Jeannette jetzt um den Hals fällt, nein, nicht »Beförderung«, sondern das Gegenteil davon, das heißt: schon Beförderung, aber zu einer anderen Stufe Mensch, in diesem Sinn durchaus ein Aufstieg, insofern hat ihn Jeannette richtig verstanden, auch wenn sie jetzt seinen Hals mit Küssen bedeckt, ja selbst die Gesellschaft am Nachbartisch hebt nun vorsichtig ihre Gläser, jawohl, auf ihn, auf seinen Aufstieg – die ständige Bereitschaft, mitzufeiern, besonders in gehobenen Lokalen, wo der kleinste Funke ausreicht, um einen Sturm der Verzückung und Herzlichkeit auszulösen. Plötzlich steht der ganze Saal und wirft ihm Glückwünsche entgegen, Glückwünsche, die er zu empfangen allein nicht imstande ist, und so springt eine stolze Jeannette ein, prostet der Gesellschaft zurück, während sich Gehrer vor Verwirrung setzt. Ein Freudentaumel tobt über seinen Kopf hinweg. Für einen Augenblick glaubt er's selbst – ein Karrieresprung, seine Berufung in den Aufsichtsrat, was auch immer diese Leute zu feiern meinen –, doch dann springt er auf, versucht mit beiden Händen abzuwehren, schwenkt mit den Armen durch die Luft, als ginge es darum, einen Lastwagen mitten auf einer Straßenkreuzung aufzuhalten – der schickliche Gestus der Bescheidenheit eines tatsächlich Erfolgreichen, was die Sache nur noch verworrener macht. Es hat keinen Sinn! Ein ganzer Saal, so reibungslos in Stimmung gebracht.

Ein Zwischengang wird eingeschaltet. Kreation des Hauses, ein Feuerwerk aus geschälten Früchten, mit höchstpersönlicher Empfehlung des Chef de Service, eine Empfehlung auf seine Lüge hin, die nie mehr zu tilgen sein wird. Ein Trinkspruch auf ein grandioses Mißverständnis.

Gehrer hofft, man werde sich sein Gesicht in diesen Kreisen nicht merken, und unterstreicht seine Hoffnung, indem er ebenfalls versucht, sich die ihm zuwinkenden Gesichter nicht einzuprägen.

Nachdem sich die Begeisterung im Saal etwas gelegt hat und der letzte Schluck des Cappuccino als schwere, dunkle Perle den Gaumen hinuntergerollt ist, beschwert Gehrer das Silbertellerchen mit Erspartem. Jetzt ist es selbst Jeannette nicht mehr geheuer bei der zelebrierten Großzügigkeit. Sie legt ihre Hand sanft auf Gehrers Arm, als er Banknote um Banknote aus seinem Geldbeutel zerrt. Er lacht nur, packt ihr Handgelenk sachte, aber bestimmt, so wie man eine Katze packt, und legt sie zur Seite. Gehrer hinterläßt Trinkgeld wie ein Waffenhändler.

Draußen auf der Straße: Ein warmer Wind pflügt Schneereste zur Seite und fährt durch offene Mäntel. Wäre dies nicht der Moment, es ihr zu sagen? Aber dann läßt er den Motor anspringen, als sei nichts geschehen. Die Musik, Jazz, übertönt den Verkehr. Der Abend kommt in Fahrt. Ein Blumenstrauß spreizt fünfzig Beine. Gehrer, in Stimmung, geschwätzig wie selten, betrunken, ein Raubtier im Bett.

Am nächsten Morgen reist er ab – in aller Herrgottsfrühe. Eine eilig hinterlassene Notiz auf dem Frühstückstisch erzählt von einer Direktorenkonferenz in den USA.

7

Gehrer ist nicht dafür bekannt, daß er sich von Geschäftsreisen aus meldet. Da hat er schon anderes gesehen: Männer, die Abend für Abend die Sorgen ihrer Frauen und Kinder abhören müssen, manchmal stundenlang, dabei sind sie auf einem Trainingsseminar in Las Vegas oder Bali, die Kumpel sitzen bereits in der Hotelbar und lassen ihren Blicken freien Lauf, während der Familienvater, gefesselt an einen unhygienischen Telefonapparat, im Hotelzimmer zehntausend Kilometer entfernte Probleme zu lösen hat.

Gehrer hält mit sich selbst eine Direktorenkonferenz ab. Als persönlichen Tagungsort hat er eine Insel in der südlichen Karibik bestimmt: Bequia, eine Insel aus Zuckerstränden und Vulkanresten.

Angabe der Berufsbezeichnung, wenn man in ein anderes Land einreist, auch ferienhalber.

Er sitzt auf dem Balkon, hält die Buchseiten mit beiden Händen fest. Zuviel Wind von der Brandung her. Eigentlich ist es nur das Rauschen, das von der Brandung her kommt. Gelände mit Dünen und Wind. Der Wind dreht sich wie ein gefangenes Tier auf dem Balkon, kommt von allen Seiten. Darum nützt es nichts, wenn er sich in die Ecke rückt oder in die Mitte. Der Wind wirft keine Schatten.

Der Balkon ist klein – Platz für einen Stuhl und ein Kaffeetischchen. Will man aufs Meer hinausschauen, so kann man die Beine nicht strecken, sondern sitzt auf dem Stuhl wie ein Schüler während des Unterrichts. Will man die Beine strecken, so hat man sich in Balkonlänge zu setzen. Dann starrt man an die leere Wand, und das Meer kommt von der Seite. Egal wie man sitzt: Wind in allen Positionen. Wäre die Balkonbegrenzung vergittert, könnte man wenigstens die Füße zwischen den Stäben hindurchschieben, sie auf den Strand hinunterbaumeln lassen. Aber sie ist gemauert – Farbe blättert ab –, gerade so hoch, daß sie, wenn er sich etwas lasch auf den Stuhl setzt, das Meer verdeckt und einen Balkonhorizont produziert.

»Durchstarten zum Traumjob!«

Viel Wind zwischen seinen Hosenbeinen. Wenn er die Seite umblättert, dann klemmt er sie oben rechts zwischen Daumen und Zeigefinger, fährt mit dieser Ecke im Tiefgang auf die andere Seite, winkelt den ausgespreizten kleinen Finger auf die neue Seite, um sofort wieder die Ecken des Buches festzuklammern, so als hielte er beide Ohren eines quengeligen Kindes. Ab und zu merkt er sich die Seitenzahl, falls es der Luft trotzdem gelingen sollte, ihm die Seiten zu entreißen, sie schwirren und flattern zu lassen.

Wenn er nach drinnen geht, nimmt er das Buch mit. Ameisen im Waschbecken. Liegengebliebene Haare. Es wäre schade, müßte man drinnen sitzen – in einem Zimmer mit Blick nach hinten raus, auf das grünschwarze Gewucher des Regenwaldes. Deswegen fährt man nicht in die Karibik.

»Durchstarten zum Traumjob!«

Viel Lob auf dem Umschlag. Das Buch, ein Klassiker in seinem Genre, macht ihm Hoffnung. Was es verspricht: Klarheit auf dem beruflichen Pfad. »The clearer your vision of what you seek, the closer you are to finding it.« So einfach. »What you are seeking is seeking you.«

Ein kleines Hotel, verlottert. Bettüberwurf mit Narben von Zigaretten. Sand in den Zimmerecken. Sand in der Dusche. Eine Glühbirne an zwei verbogenen Drähten. Gehrer ist kein Student mehr, das weiß er.

»Allzu viele gehen zum Vorstellungsgespräch wie ein Lamm zur Schlachtbank.«

Gehrer macht die Übungen. »Take a large piece of white paper, with some colored pencils or pens, and draw a picture of your ideal life.« Jetzt steht etwas da, und Gehrer fragt sich, was das alles bedeutet.

Was es sonst noch gibt im Hotelzimmer: einen Fernseher. Wenn man lang genug daran dreht, rutschen plötzlich Bilder herauf oder herunter, dann wieder das Geflimmer von Ameisen. Holztürchen unter dem Waschbecken, die nicht schließen wollen. Der Magnet fehlt, also stehen sie offen, wenn man nicht einen feuchten Kaugummi zwischen Türchen und Rahmen drückt. Ein verrosteter Safe, mit einer lockeren Schraube an der Schrankwand befestigt – damit er nicht davonschwebt, der Safe. Der Schlüssel fehlt. Verbogenes Besteck in der Schublade. Kaffeelöffel mit abgebrochenen Plastikeinfassungen in Pastellfarben. Ein Flaschenöffner mit dem Logo einer Autogarage. Käferhülsen in den Winkeln.

»Decide which skills are your favorites, and prioritize them.« Das Buch soll dem Leser helfen, sich selbst zu erkennen. Es folgt getreu der sich hartnäckig haltenden Vermutung, daß so etwas wie Berufung existiere, die irgendwo zu finden sei, im Herzen, in der Schachtel des Unbewußten oder in der eigenen DNA, niemand weiß das so genau. Auf jeden Fall sei es dem Menschen angezeigt, auf diesen verborgenen Knopf zu drücken, und das Leben würde seine Pracht entfalten wie ein Pfau sein Rad.

Gehrer liest das Buch nicht zu Ende. Hinten wird es religiös, wie die meiste amerikanische Self-Help-Literatur. »What you have, is God's gift to you. How you use it, is your gift to God.«

Der Himmel gelb. Der Schatten des kleinen Hotels hat die Brandung erreicht. Der Wind hört nicht auf, nur weil es dunkler wird. Das Tosen der Wellen jetzt lauter, heller.

Es ist Nacht geworden. Gehrer kann jetzt nicht

denken. Ab und zu ein Auto im Dickicht hinter dem Hotel, dann ist es wieder still. Der Wind. Die Hitze. Die Lichter eines Frachters weit draußen. Plastikvorhänge mit winzigen Löchern.

Man müßte jetzt wissen, was mit der Zeit anfangen.

Es fällt ihm auf: Noch vor 40 lockert sich das Gefüge. Wie beim Pool-Spiel. Die Kugeln stehen dicht gepackt im Triangel auf dem Tisch. Ein kräftiger Anstoß der Spielkugel läßt die Pyramide in alle Richtungen explodieren. Dazu knallt es. Ein miserabler, ein abgerutschter Stoß lockert bloß das Gefüge: die Kugeln nach wie vor als Dreieck auf dem Filz, aber ein zerzaustes Dreieck, eine Pyramide mit Zwischenräumen, in die sich dumme Gedanken schleichen können. Das ist Gehrer mit 40: ein miserables Anspiel.

»Start the life you really want to live.« Gehrer ist überrascht, daß nichts mit ihm passiert. »Know what you want!« Wie soll man das wissen?

Notizpapier nur sinnvoll, wenn auch Ideen kommen. Ansonsten bloßer Ballast.

»You must decide just exactly what you have to offer to the world.« Worin ist Gehrer gut? Im Schwindeln? Noch ist Gehrer keinen Schritt weiter. Was tun mit einem angebrochenen Leben?

Das Krachen der Brandung ist nicht auszuschalten.

Wenn sich einer nicht über den Job definiert, worüber dann? Darüber, wie er Würste grillt?

Gehrer will's ihr in einem Brief sagen. Kein Telefonat, keine E-Mail, sondern ein Brief von Hand und mit Briefmarken auf dem Kuvert, Absender: irgendein schäbiges Hotel in Bequia. Und er legt ihr darin dar, was geschehen ist: die Entlassung, das kolossale Mißverständnis in der Kronenhalle, sein Unrecht, jawohl, sein schreiendes Unrecht, sie zu belügen schon seit Tagen. Er schreibt ihr von Hand, wie gesagt, sein letzter handgeschriebener Brief liegt mindestens zehn Jahre zurück, das weiße Blatt glänzt im Mondlicht, und da kommt das erste Wort in zittriger Schrift, es purzelt heraus, kaum lesbar, dafür persönlich. Gehrer ist erstaunt, daß er's noch kann: einigermaßen geradlinig schreiben. Er kommt sich vor wie in der Schule. Der Meereswind spielt mit dem Papier, so daß er es mit seinem Unterarm abschirmen muß, wie bei einer Prüfung, damit niemand abschreiben kann; aber es schreibt niemand ab, es gibt nur ihn, das Papier und den Wind. Das Blatt nimmt die Tinte des Kugelschreibers an, und Gehrer weiß nicht, warum er für einen Augenblick darüber erstaunt ist.

Ein Gekritzel von Tinte, eine beschränkte Anzahl Striche auf Papier, einen Lebensumstand darstellend. Es wird kein langer Brief, weil es nichts zu sagen gibt. Nach einer halben Seite ist alles gesagt, sogar eine Mitteilung, das Wetter betreffend. Dann klebt er das Kuvert zu. Der Leim schmeckt süß und fruchtig und bleibt länger als erwartet auf seiner Zunge liegen.

Jetzt ist das Kuvert verschlossen. Es liegt auf dem Tischchen und wirft Mondlicht ins All zurück, und Gehrer überlegt, ob er es dem Wind erlauben soll, das Brieflein fortzureißen und ins Gebüsch hinter dem Hotel zu schicken. Aber dort wartet Jeannette nicht. Sie wartet überhaupt nicht auf seinen Brief.

Der Brief landet in seiner Mappe. Er wird ihn bei der Ausreise am Hafen einwerfen.

8

Als er am nächsten Tag endlich sein Zimmer verläßt: Mittagsglut. Ein langer, geschwungener, öder Strand. Winzige Boote am Horizont. Das einschläfernde Summen der Klimaanlage.

Beach-Bar. Einheimische. Schwarze in zerlöcherten T-Shirts. An ihren Füßen klebt Sand. Auch an den dunklen Waden. Drei Rücken und sechs sandige Füße sind um Barstühle gewunden. Der Fernseher zeigt Cricket. Wenn die Spieler aus dem Bildschirm gucken könnten, sähen sie drei schwarze Gesichter. Davor Bierflaschenfriedhof. Dahinter das Meer. Und wenn sie hören könnten – wenn das Cricket-Spiel von keinem Lärm aus den beleuchteten Zuschauertribünen begleitet würde, wenn es still wäre im Stadion, totenstill –, dann könnten sie das Rauschen der Wellen, das Schlagen der Palmblätter hören. Irgendwo in der Karibik. Aber die Cricket-Spieler lungern nicht wie Gehrer am Strand herum. Sie warten nicht auf ihre Zukunft.

Reglos sitzen sie da, die Einheimischen, und saugen die flimmernden Bilder ein. Die Ellbogen liegen auf der Theke wie schlafende Hunde, die Hände tropfen über den Thekenrand hinunter. Einer raucht. Weihnachtsbeleuchtung mitten im Sommer. Unzählige bunte Lämpchen an einem immergrünen Kabel wippen im Gebälk. Warten auf die nächste Weihnacht. Poster vergilben nicht, sie verblauen! Blaue Palmen über einem hellblauen Schriftzug, der von lokalem Bier spricht. Die Kontinente einer zerrissenen Weltkarte – ebenfalls hellblau. Daneben Heineken-Werbung in saftigem Blau als Metallschild. Farbe wie in Stein gemeißelt. Fische flattern in der bewegten Luft, tanzen an Schnüren, Modellfische aus Holz und in bunten Farben. Ein heißer Wind. Man akzeptiert Kreditkarten, das behaupten die Abziehbilder an verschiedenen Ecken. Keine Kasse, nur eine Schublade mit einem Gewirr an Münzen und zerknüllten Scheinen. Was sich bewegt: ein Hund, der nach Essensresten unter den Tischen schnüffelt, nach zertretenen Pommes. Die Stühle an den Tischen sind aus Plastik. Das macht sie wetterresistent. Solange sie im Schatten stehen, zerbrechen sie nicht. Ein Poster mit den Türmen des World Trade Centers, als sie noch standen. Auch sie vergilben nicht – hellblau auf dunkelblau. In ihren Ecken rosten Reißnägel.

Hunderte von Artefakten: Walfischknochen, Glasschwimmer in Körben, Visitenkarten mit Berufen aus der ganzen Welt an die Wände gepinnt, Sand, Sand. Eine rote Ballonhülle flattert wie ein gebrauchtes Präservativ an der Decke, und vielleicht ist es ein Präservativ, sogar ein gebrauchtes, Musikboxen mit Löchern, ausrangierte, verbogene Nummernschilder aus verschiedenen amerikanischen Staaten, ein Spruch, der von Gott und vom Glück spricht. Keine Touristen an der Theke. Sie, die Touristen – hauptsächlich Segelcrews in Polo-Shirts –, sitzen an den Tischen. Cricket als Hintergrundrauschen.

Das Wellblechdach hält, wenn es prasselt. Dann kommt wieder die Sonne. Wind vermischt sich mit dem würzigen Schweiß der Schwarzen und dem öligen Rauch aus dem Frittierapparat. Der Wind läßt Sandkörner durch die Bar rieseln. Die Touristen schlagen die Beine übereinander. Die Einheimischen nie. Die Rum-Punches leuchten rot und sind stark. Dort ist Nacht, wo das Cricket-Spiel stattfindet. Eine Kamera kreist über der Stadt und zählt Lichter – auf der anderen Seite der Welt. Wenn die Palmenblätter schlagen, ist es wie Wind oder Regen. Die Sprache der Einheimischen ist Englisch. Die Sprache der Einheimischen ist nicht zu verstehen. Die Tische sind weiß und schon mehrmals gestrichen. Meer im Licht der Sonne: Es ist entweder schwarz oder weiß.

Jetzt stellt sich heraus: nur Cash. Der Franzose klopft mit der Kante seiner Kreditkarte auf die Bartheke. Die Kreditkarte rotiert mit jedem Klopfen um genau neunzig Grad. Die Bewegung der Karte im Uhrzeigersinn kann es auch nicht ändern, daß keine Kreditkarten akzeptiert werden. Ein Zeigefinger deutet in Richtung Kleber mit den bekannten Kreditkarten-Logos – Visa, Mastercard, American Express. Auch dieser Finger kann es nicht richten. Weil die Sonne scheint und die Brandung das tut, was man von ihr erwartet, und die Tatsache, daß Sand da ist, ein ganzer Strand voll herrlichem Sand, ist der Franzose bereit, seine Karte wieder einzustecken und eine aufkeimende Beschwerde herunterzuschlucken. Ein ganzer Packen an zerknüllten Geldscheinen wandert über die Theke, zerstiebt in der Schublade. Steel-Drums warten in einer Ecke auf den nächsten Auftritt. Das Gebälk unter dem Wellblechdach eignet sich für Vogelnester. Ein Deckenventilator dreht vierarmig und macht keinen Sinn. Eine Frau, Bikini, mit tropfenden Haaren, bestellt einen Drink. Die Einheimischen bleiben bei ihrem Cricket-Match.

Dann noch eine Frau – tierhaft ledrige Schultern. Gehrer hat genug Sand gesehen für heute, auch genug Meer, aber nicht genug Frau. Wieder das Rascheln der Palmblätter. Das Cricket-Spiel hört nicht auf. Gehrer bezahlt den Damen schon den vierten Drink. Vögel lärmen in den Zweigen. Gehrer und die Damen unterhalten sich großartig über nichts. Überall sind Muscheln eingemauert. Gehrer hofft auf die zweite Spielzeit der Frauen. Dabei ist es erst Mittag. Flüssigkeiten in allen Farben in Flaschen in allen Formen. Die Bar ist noch immer offen. Die Sonne brennt. Das Cricket-Spiel flimmert. Gehrer hat viel getrunken, sehr viel, und versäumt es, die Notbremse zu ziehen. Noch ein eingemauerter Walfischknochen – diesmal über dem Eingang zum WC. Wie ein krummer Baumstamm. Das WC ist nur ein Loch. Der Boden sandig wie auf einem Segelboot. Der unverdaute Drink springt von Gehrers Mund in das Loch.

»What you are seeking is seeking you.«

»You must decide just exactly what you have to offer to the world.«

»Hold on to all of your dreams.«

Gehrer wacht auf.

Er wischt sich den Sand aus dem Gesicht, steht auf. Kein Mensch weit und breit. Die verrammelten Läden der Bar. Windstille. Die Palmen wie versteinerte Feuerwerke, schwarz vor dem Sonnenuntergang. Telefondrähte teilen das Gelb in Abschnitte. Ein Flugzeug, schwarz und klein, ausgestanzt, lautlos. Vogelschwärme als schwarze Punkte, aufgereiht wie auf einer Schnur. Sand, Dünen. Ledrige Büsche. Das dumpfe Donnern, wenn die Wellen auf dem Strand aufschlagen, Schaum, ein Zischen. Vögel auf flinken Beinchen rennen dem zurückhuschenden Wasser nach, picken nach Krebsen und kleinen Muscheln. Wieder das dumpfe Donnern. Ein verlassener Sonnenschirm steht schief. Kein Mensch weit und breit. Nur Strand, kilometerlang. Weiße Wolken legen sich schlafen, werden Himmel, jetzt blaurot. Der Sand kalt – beim Barfußgehen spürt man einzelne Muschelsplitter, die bei senkrechter Sonne nicht von der Glut zu unterscheiden sind. Dünen wie Asche. Das Stelzenhäuschen der Beach-Watch mit verrammelten Fenstern. Weit weg wieder eine Beach-Watch, dann wieder eine. Dunkelheit. Plötzlich alles schwarzweiß. Mondlos. Es ginge auch in einer schwarzweißen Welt, denkt Gehrer, alles fühlt sich gleich an, der körnige Sand, die feuchte Luft, die Hand im eigenen Haar. Nicht einmal das Denken braucht Farben.

Das Krachen der Wellen.

Was ihn ärgert: daß er das Leben nicht einfach genießen kann. Und vielleicht ist es genau dieser Ärger, daß er das Leben nicht einfach genießen kann…

Hitze in der Nacht.

Gehrer schlaflos. Sein letzter Versuch, sich neu zu entwerfen. Er sitzt auf dem Bettrand und denkt. Ein harter Luftzug unterbricht periodisch seine Gedanken. Der Tischventilator als Ersatz für die defekte Klimaanlage. Riesenkopf auf schmalem Sockel. Dreht seinen Kopf hin und her. Zieht Luft von hinten an und schleudert sie nach vorne. Schaut sich um von links nach rechts, bleibt einen Moment lang rechts stehen, dann ein Ruck, die Mechanik hängt ein, und jetzt von rechts nach links. Schwer zu sagen, wie viele Propellerblätter es sind. Drei oder vier. Oder nur zwei? Gehrer versucht, die Augen ganz kurz aufzureißen und gleich wieder zu schließen – wie der Verschluß einer Kamera –, aber es bleibt ein verschwommener Fleck auf seiner Netzhaut liegen. Das Hirn ist nicht schnell genug.

Oder die Augen. Die blauen Ventilatorschaufeln als durchsichtige blaue Scheiben – eingefaßt von rostigen Vogelgitterstäben, die einmal weiß waren. Überhaupt war der Ventilator einmal weiß, ganz weiß, aber der Sockel ist mit Flecken übersät. Flecken von Cola oder Bier und zerquetschten Fliegen. Er steht auf dem Tisch und dreht seinen Kopf unaufhörlich von links nach rechts und von rechts nach links, dreht, dreht und surrt, und Gehrer sitzt auf dem Bettrand und schaut ihm tief ins windverzerrte Gesicht, mitgenommen von den Luftfetzen, die in seinen Haaren kleben, von der Gischt, von der Sonne, die in sein Blut übergegangen ist. Gehrer versucht, ihm eine Antwort abzuluchsen, eine Ahnung, ein Zeichen, sein Leben betreffend. Gehrer horcht und wartet und denkt, aber der Propellerkopf kippt bloß hin und her, sagt tausendmal nein. Nein, nein, nein – auch nach Stunden. Dann packt ihn Gehrer am Hals und schleudert ihn in eine Ecke. Jetzt bewegt er sich nicht mehr. Selber schuld.

9

März über Grönland. Gehrer auf dem Flug zurück in die Schweiz – elf Stunden lang. Gelegentlich öffnet er die Sonnenschieber einen Spalt weit: die Südspitze im Packeis. Dann wieder Weiß aus allen Richtungen. Eis oder Wolken oder Land oder Himmel. Nur das Zischen der Luftdüsen und das Rauschen der Triebwerke.

Gehrer, erschöpft von der Unergiebigkeit seiner Selbstfindungsreise. Dösend, Augen geschlossen, reglos, sitzt er da, läßt Muskel um Muskel schwer werden, liegt in seinem Sitz, schläft nicht, denkt nicht, sein Kopf hängt schief an seinem Hals, wie an einem Faden, während seine Hände wie Äste über die Sitzlehnen hinausragen.

Er kann jetzt stundenlang seinen Plastikbecher betrachten – wie die sanfte Vibration der Triebwerke einen Teppich über die gespannte Wasseroberfläche legt, einen Wasserfilz, feingepunktet, dann wieder sind es konzentrische Kreise, und die Mitte vibriert wie ein Spinnennetz, in dem sich eine Fliege verfangen hat.

Zwei leicht verschobene Vibrationskreise, übereinandergelegt, sich gegenseitig auslöschend und verstärkend, anscheinend wegen der beiden Triebwerke – nicht wegen eines Erdbebens –, jedenfalls zwei Kreishälften, und dort, wo sie sich überschneiden, liegt eine ruhende Gerade – eine topographische Verwerfung, ein Limes aus Mineralwasser. Keine Brandung, keine Gischt, nur ein Zittern, vermutlich zittert sein ganzer Blutkreislauf so.

Wie oft hat er vom Leben in einer anderen Kultur geträumt? Wie oft hat er sich danach gesehnt, Zürich an den Nagel zu hängen, wenn auch nur vorübergehend, für ein paar Jahre oder Jahrzehnte, und sich zu finden, sich selbst zu begegnen an einem ausgefallenen Ort, einem Kloster, einer abgelegenen Alpwirtschaft, umgeben von rauhem Wind, zerschlissenen Sträuchern, Baumkrüppeln, Moos, Flechten, Geröllhalden und weit oben glitzernden Firnen; oder bei einem Beduinenstamm im flüssigen Sand der Sahara, als Förster in den kalifornischen Redwoods, als Bootsbauer auf irgendeiner Insel, als Fischer in den nebelverhangenen, menschenleeren Fjorden Norwegens. Er ahnt: Es wird nicht gelingen, sich zu häuten wie eine Schlange.

Seine private, dreiwöchige Direktorenkonferenz hat ihn keinen Deut weitergebracht.

Alles schon gehört: Andere bauen sich eine Existenz nach dem Rausschmiß. Jeder Schluß ein Neuanfang. Damit hatte er seinen entlassenen Mitarbeitern stets Mut gemacht.

Was er sich erhofft hat: Er kommt zurück, ausgeruht, verjüngt, mit festen Plänen im Kopf, tatendurstig, energiegeladen, mit wippendem Gang, bereit, die Welt auf der Fingerspitze drehen zu lassen.

Oder: Er kommt zurück, zerlumpt, Stoppeln im Gesicht, Haut wie Leder. Zu Fuß durch die Tropen, durch endlose feurige Steppen, Löwen geschossen, Hyänenfleisch verzehrt, Flüsse durchschwommen, Brühen mit giftigen Algen und tödlichen Flußpferden, Schlangen mit eigenen Händen am Kopf gepackt, Druck auf die Kieferknochen, bis das Maul mit den Giftzähnen weit offensteht und die zweispitzige Zunge herauszuckt. Dann ein Druck mit dem Daumen auf die Schädeldecke, immer stärker, bis sie einbricht, und das Tier ist tot. Dann wirft er es im hohen Bogen in den nächsten Busch. Zurück in Zürich, überquert er die Straße, wo es ihm gerade paßt, nimmt keine Rücksicht, nicht einmal auf die Signalisation, schaut weder links noch rechts, der Blick kennt nur die Marschrichtung, Reifen quietschen, selbst die angriffslustigen Trams gehen in Vollbremsung. Dann tritt er in die nächste Bank, steuert auf das schönste Mädchen zu, faßt ihre zerbrechlichen Handgelenke, stößt eine Forderung in ihr Ohr, ein verdutztes Lächeln gefriert, eine Transaktion ist im Gang, ein Bündel Geld – hunderttausend, es hätten weit mehr sein können – wandert lautlos über den Tisch, verschwindet in Gehrers Hosentasche. Ein sanfter Kuß auf die mädchenhafte Stirn, dem es nicht gelingt, das gefrorene Lächeln aufzutauen. Keine Pistole, kein Buschmesser, seine Präsenz allein hat genügt. Als er das Ende der Bahnhofstraße erreicht, geht ein ferner Alarm hoch. Gehrer im Nachtzug nach Spanien. Von Barcelona übersetzt er nach Afrika, erster Klasse, raucht Zigarren.

Oder: Kommt zurück, trägt ein Bündel Papier unter dem Arm. »Da«, sagt er und schiebt es über den Tisch. Gehrer zerströmt Geduld, während der andere liest. Nach drei Monaten findet man Gehrers Bild in jedem Feuilleton.

Oder er wandert aus. Nach New York, zum Beispiel. Er wandert einfach aus. Gehrer im Yellow Cab. Es regnet in die Stadt hinein. Kristallspitzen spießen Nebel auf. Morgen über Manhattan. Regentropfen fallen die Türme entlang in die Tiefe, kaum schneller als die Lifte in dieser Stadt. Aus der Sicht der Tropfen: Wind, der hochschießt, eine Stadt, die nach oben fällt. Bei Regen ist New York ein Dorf. Man gähnt nicht zu den Wolkenkratzern hoch, sondern paßt auf, daß man in keine Pfütze tritt – wie in einem Dorf oder einer Kleinstadt. Die Menschen sind nicht freundlicher, aber man geht sich früher aus dem Weg wegen der Schirme. Kirschblüten in Straßenpfützen, das kann es geben. Die Federung des Yellow Cab ist weicher als in jeder anderen Stadt – man schwebt über den Straßenbelag. Die Bremsen hart und unmittelbar wie überall. Schwarzes Plastikleder, sauber, abgerutscht und glänzend. Die Handschlaufe aus dem gleichen zähen Plastik, das auf die durchsichtige Polyvinylwand geklebte Foto des Fahrers, das immer so aussieht, als wäre es sein Bruder oder ein entfernter Verwandter, geschossen während einer Elektroschocktherapie, so scheint es, ein Schwarzweißgesicht mit starren Augen, ein Verbrecherfoto, darunter die Nummer des Cabs und die 800er Nummer der Stadtverwaltung für Beschwerden. Gehrer beschwert sich nicht. Im Cab – die Hände hinter dem Nacken verschränkt, die Ellbogen weit ausgespreizt, ein großes Stück Atmosphäre im Brustkorb – ist er selig; glücklich, daß er da ist. New York – die Urstadt des Marketing! Die Scheibenwischer verschmieren bloß den Regen auf der Windschutzscheibe und damit die Stadt; es wäre besser ohne Scheibenwischer, die Bremslichter des Verkehrs als verwaschene Flecken statt leuchtende Pinselstriche wie jetzt, zumal es nicht schüttet, sondern nieselt, eigentlich drückt sich bloß flüssig gewordener Nebel in die Stadt hinein und auf die Scheiben seines Cabs, aber das ist nicht sein Problem, solange er unterwegs ist. Leuchtreklamen, Gehupe selten, wieder verschmierte rote Pinselstriche, Walk, Don't Walk, dann weiter, Regenschirme, Türsteher vor Hoteleingängen in Zirkusuniform, Trillerpfeife im Mund, sie winken keinen Tieren, sondern Taxis, die sich, wenn New York naß ist, absichtlich rar machen, aber Gehrer hat eines und ist froh, die Pfiffe der Türsteher zu hören und ihr Theater vor den Augen der wartenden Kundschaft zu sehen, damit etwas mehr Trinkgeld herausspringt als an trockenen Tagen, man kleidet sich ja nicht umsonst wie ein Idiot!, lacht Gehrer, wieder Schirme, Don't Walk, Walk, das Geschmier auf der Windschutzscheibe, wieder Leuchtreklame.

Eine Frau, die ihre vier Pudel spazierenführt. Das gibt es auch in New York, daß die Tierchen müssen. Die Frau bückt sich, um das verregnete Fäkal mit einem umgestülpten Plastiksäcklein einzufangen, während die Köter ihre andere Hand schon zum nächsten Baum zerren. Wieder Leuchtreklamen, die Bäume blühen auch bei Regen, das Gewimmel von Schirmen, Lichter aus allen Etagen, dabei ist es erst Morgen, Nebel frißt eine Stadt, Walk, Don't Walk, Gehrer lebt.

Das Zischen der Luftdüsen.

Die Flight-Attendants werden immer jünger!

Der neue Gehrer findet nicht statt.

Also bleibt ihm nichts anderes übrig, als den alten Gehrer, den er so gern abgeworfen hätte, wiederzubeleben. Und wirklich: Je näher er der Schweiz kommt, desto fester werden seine Absichten. Tatendrang ballt sich in seinen Händen zusammen. Er spürt, wie sich die Hemdsärmel wie von selbst nach hinten krempeln.

Wenn die Arbeit achtzig Prozent des Lebens ausfüllt, was ist wichtiger: die Arbeit oder das Leben?

Seatbelt-Sign on.

Anflug: Schneelappen auf den Hügeln, leergefegte Laubwälder in den Niederungen – ein schmutziges, fäkalienartiges Braun. Nadelwälder schwarzgrün. Alles ineinander verhockt und planlos über die Landschaft zerfetzt, gerade so, als hätten die Barbaren abgeholzt. Der Jura wie ein Haufen wucherndes Moos. Die Flüsse aus der Luft sind grau und matt.

Wir bitten Sie jetzt, Ihre Rücklehne senkrecht zu stellen und Ihr Tischchen hochzuklappen.

Dort unten hockt das Leben und wartet, wartet auf ihn, wartet geduldig – nur läuft ihm die Zeit davon. In Riesenschritten. Gehrer ist entschlossen, es bei den Hörnern zu packen.

Autos wie Engerlinge.

»No one owes you a job. If you want a job, it is you who are going to have to go out, and work hard to find it.«

Gehrer ist nicht ausgenommen. Auch seine Rücklehne muß senkrecht gestellt werden.

Gehrer wirft Ballast ab. Er trennt sich hastig von allem, was zwischen ihm und seiner Zukunft steht, den Selbstfindungsbüchern, seinen Notizen, seinem Brief an Jeannette, den er vergessen hat einzuwerfen. Er stopft den ganzen Kram in die Vordersitztasche.

Gehrer mit der Hoffnung auf Arbeit, anspruchsvolle Arbeit, die allein imstande ist, das Leben erträglich zu machen.

Landeklappen werden summend ausgefahren. Strömungsabrisse machen die sonst stummen Flügel zum Unruheherd.

Die Flight-Attendants hocken jetzt wie Vögel auf ihren provisorischen Sitzchen, angegurtet und darauf bedacht, nirgendwo hinzuschauen.

Draußen manifestiert sich heimatliche Destination.

Er wird es nochmals versuchen. Was heißt versuchen! Er wird sich ins Zeug legen und heimlich den nächsten Karrieregipfel erobern, bevor Jeannette etwas merkt.

Traktorspuren auf den Feldern.

So schnell gibt man nicht auf!

Gehrers Lockerheit in allen Gliedern.

Krähen hocken als Punkte im umgepflügten Lehm und picken nach Würmern; die Piste, das flaumige Aufsetzen des Fahrgestells, das Fauchen der Triebwerke.

Er wird es allen zeigen!

Die gelben Lampen markieren in immer längeren Intervallen den Pistenrand.

Please keep your seatbelt fastened until the fasten-seatbelt-sign has been turned off.

Beste Wünsche aus dem Lautsprecher für einen schönen Tag oder einen guten Weiterflug – nicht für ein gelingendes Leben.

Seatbelt-Sign off.

Ein braungebrannter Gehrer federt leichten Schrittes durch die Paßkontrolle. Nichts scheint ihm fremd. Im Gegenteil. Alles scheint ihn erwartet zu haben. Die ausgeputzten Wälder überall. Bäume und Äste blank geschoren, ein ganzes Land, bereit, angepackt zu werden. Das Zwitschern der ersten Vögel. Wind in frischen Walzen. Man kann ihn schon bald riechen, den Zürcher Frühling. Dann die Wohnung, Jeannette. Gehrer ist munter und berichtet von Expansionsplänen der Firma und von Zweigniederlassungen in New York. Champagnerkorken knallen. Gehrer ist glücklich, zu Hause zu sein, Jeannette als seine Frau zu wissen, glücklich, die nächste Stufe der Karriereleiter in Angriff zu nehmen. Nein, er wird es ihr nicht sagen, er wird es einfach tun. Und eines Tages wird er vor ihr stehen als Marketingchef oder gar CEO einer noch größeren Firma – eines Biestes von einem Konzern!

10

Nehmen Sie Platz, Herr Gehrer. Ja, hier ist gut. Ein Glas Wasser?

Leider haben wir nur ohne Kohlensäure. Wir sind kein Restaurant, Herr Gehrer.

Kleine Frage: Auf welches Inserat bewerben Sie sich? Die Sekretärin im Schwangerschaftsurlaub – Sie können sich ja vorstellen, was das bedeutet…

Ach so.

Herr Gehrer, schildern Sie mir doch nochmals in Stichworten Ihren beruflichen Werdegang.

Kurz und gut: Was sind Sie für ein Mensch, Herr Gehrer?

Was hat Sie dazu bewogen, sich auf diese Stelle zu bewerben?

Sie haben zehn Minuten, sich hier zu verkaufen. Die Zeit beginnt jetzt!

Herr Gehrer, wo sehen Sie sich in fünf bis zehn Jahren?

Herr Gehrer, angenommen, Sie kriegen den Job: Welches wäre Ihre erste Handlung?

Und Ihre zweite?

Welches sind Ihre größten Schwächen?

Wie halten Sie es mit Frauen? – als Vorgesetzten, natürlich...

Bevor wir zum eigentlichen Bewerbungsgespräch kommen, können Sie uns etwas über die – inoffizielle – Strategie der SolutionsUniverse erzählen?

Eine Frage, die ich jedem Anwärter gleich am Anfang stelle: Wenn Sie morgens aufstehen, was tun Sie als erstes?

Englisch fließend. Dann erklären Sie mir mal den Unterschied zwischen principle und principal. Klingt beides gleich, nicht?

Herr Gehrer, wieviel Einsatz kann man Ihnen abverlangen – im Urlaub, an Wochenenden?

Haben Sie Kinder?

Warum nicht?

Warum denn keinen Hund? Wir sind sehr zufrieden mit unserem.

Herr Gehrer, seit wann sind Sie arbeitslos?

Herr Gehrer, könnten Sie morgen zur gleichen Zeit nochmals vorbeikommen? Der Personalchef mußte leider kurzfristig zu einem wichtigen Meeting. Tut uns wirklich leid.

Eine IWC Typ »Portugieser«. Habe ich gleich erkannt. Ein tolles Stück, nicht wahr? So eine möchte ich mir auch einmal leisten können. Zeigen Sie mal her!

Worauf sind Sie stolz?

Dann sind Sie also Krebs als Sternzeichen und Zwilling als Aszendent – sehr interessant, sehr interessant.

In diesem Fall kennen Sie Herrn Lohse ebenfalls. Ein Arschloch, würden Sie nicht auch sagen?

Herr Gehrer, Ihre Krawatte hat einen Fleck.

Wie gut kennen Sie unsere Branche, Herr Gehrer? Katzenfutter ist etwas ganz anderes als Software, glauben Sie mir.

Sagen Sie ganz spontan, was Sie in diesem Klecks sehen.

Hier ein anderes Bild. Was fällt Ihnen dazu ein?

Was sagt Ihre Frau zu Ihrer Entlassung?

Das muß doch ein Schock für sie gewesen sein, für Ihre Frau, ich meine, ein Ehemann mit diesen Qualifikationen!

Ein Schock auch für Sie, nicht wahr?

Das ist lustig: Die Frau meines Neffen heißt auch Jeannette...

Herr Gehrer, wir würden Sie gern zu einem vierten Gespräch einladen...

Sind Sie gesund?

Haben Sie jemals Gelder veruntreut?

Haben Sie jemals sexuelle Beziehungen zu Mitarbeiterinnen / Mitarbeitern unterhalten? Wenn ja: Angabe des Alters und des Geschlechts.

Die Stelle ist eine noch nicht zu hundert Prozent beschlossene Sache. Einfach, damit Sie es wissen. Die Geschäftsleitung ist da noch unterschiedlicher Meinung.

Ist doch gut zu wissen, wenn unterschiedliche Meinungen in einem Unternehmen geduldet werden. Spricht für die Unternehmenskultur, meinen Sie nicht auch?

Einfach aus persönlichem Interesse: Wo stehen Sie politisch?

Ich höre gerade, Sie hätten auf dem Besucherparkplatz geparkt. Der ist für unsere Kunden reserviert – nicht für Stellenbewerber. Würden Sie so freundlich sein und Ihren Wagen umparken? Sie können den Platz meiner Sekretärin benutzen, A12, linker Hand, ganz hinten, sie ist ja in der Schwangerschaft.

Herr Gehrer, mit 40 sind Sie nicht mehr der Jüngste!

Das ist doch die Gretchenfrage: Sind Sie bereit, der allerbeste Ersatzteilhandelsvertreter der Welt zu werden, komme, was wolle? Wenn Sie, Herr Gehrer, diese Frage nicht eindeutig und mit vollem Herzen mit Ja beantworten können, dann rate ich Ihnen: Bewerben Sie sich woanders. Mittelmäßige Ersatzteilhandelsvertreter haben wir schon genug.

Was halten Sie von der Aussage: The customer is always right?

Wo haben Sie sich sonst noch beworben?

Sie rechnen also von vornherein nicht mit dieser Stelle?

Unter uns Männern...

Sie sagen, Sie seien analytisch. Das höre ich von jedem und jeder. Wie definieren Sie »analytisch«?

Woyzeck, den Sie bestimmt von der Schule her kennen, sagt: Moral ist, wenn man moralisch ist. Hat eine Firma moralisch zu sein, Herr Gehrer?

Herr Gehrer, hier sind Papier und Bleistift. Schildern Sie, wie Sie den Fall auf Seite vierundzwanzig lösen würden. Sie haben drei Stunden und dreißig Minuten.

Wenn Sie mich fragen: Den Job sollte man fallenlassen können wie ein Taschentuch im Wind.

Wir suchen hochgradig teamfähige Leute mit einem ausgesprochenen Sinn für Eigenleistung. Nicht umgekehrt. Verstehen Sie?

Herr Gehrer, in einem Wort: Sind Sie ein glücklicher Mensch, ja oder nein?

Einfach zur Information: Um diese Stelle bewirbt sich auch noch die Tochter unseres Hauptaktionärs.

Unser kleiner Test zur Allgemeinbildung: Über allen Wipfeln ist Ruh, in allen Wipfeln spürest du ... Können Sie's noch?

Sonstwelche Leichen im Keller? Na, rücken Sie heraus, Gehrer! Jedermann stolpert über Leichen, wenn er in den Keller steigt, und sei's um Bier zu holen, ha ha!

Wir nehmen selbstverständlich an, Sie werden Ihre Sozialkosten, inklusive Arbeitgeberbeitrag, selbst tragen.

Wieviel haben Sie bisher verdient?

Hier, drei mal drei Punkte. Verbinden Sie die neun Punkte mit maximal vier aneinanderliegenden Geraden.

Sie haben acht identische Billardkugeln, von denen eine einzige schwerer ist als die anderen. Welche ist es? Zur Verfügung steht Ihnen eine Waage mit zwei Schalen. Sie dürfen nur zweimal wägen. Wie gehen Sie vor, Herr Gehrer?

Was liegt Ihnen näher: a) einem Kind einen Zahn aus dem Mund zu schlagen oder b) mit der Zunge Staub vom Boden zu lecken?

1, 2, 5, 7, 18... Welches ist die nächste Zahl?

Wo die Toilette ist? Wo die Toilette ist? Das hat mich noch keiner in einem Job-Interview gefragt, und ich mach das schon seit Jahren.

Stört es Sie, wenn ich rauche?

Stellen Sie sich mit dem Rücken zur Wand. Genau so. Nun schließen Sie die Augen. Hände auf den Rücken. So ist's gut. Wenn ich mit dem Lineal auf den Tisch schlage, dann machen Sie einen Sprung vorwärts, so weit Sie können. Damit testen wir die Reaktionsgeschwindigkeit. Es bringt nichts, Leute einzustellen, die nicht reagieren können. Die Wirtschaftswelt ist voller Reaktionen!

Diese Stelle hat es in sich. Der letzte bekam Probleme mit dem Finanzchef. Der Vorletzte packte es rein fachlich nicht. Davor war einer, der hatte Mühe mit der Unternehmenskultur. Ich frag mich nur, woran der nächste scheitern wird.

Menschlichkeit wird bei uns großgeschrieben. Das Thema »Emotional Leadership« ist ganz top. Also: Weinen Sie mal! Los! Weinen Sie mal!

Wo haben Sie sich so verkaufen gelernt, Herr Gehrer?

Manchmal sage ich mir: Mensch, bist du glücklich, daß du eine Stelle hast!

Ich dürfte Ihnen diese Frage eigentlich nicht stellen. Trotzdem: Glauben Sie an Gott, Herr Gehrer?

Wäre es Ihnen lieber, ich würde das Fenster etwas öffnen?

Würden Sie sich einstellen, Herr Gehrer?

Eine ganz andere Frage: Arbeiten Sie gern?

Wäre die Welt eine bessere, wenn alle Erfolg hätten?

Angenommen, Sie würden entführt. Was wäre Ihrer Meinung nach eine vernünftige Lösesumme?

Wo haben Sie diese tollen Bewerbungsschreiben her?

Haben Sie schon sinnlose Projekte in Ihrer Firma sabotiert?

Warum nicht?

Ja, Schatz, bin jetzt dann gleich durch. Fünf Minuten. Maximal. Ich dich auch. Tschüs. Ja, klar, ich dich auch. – Tut mir leid – meine Frau. Wo waren wir stehengeblieben?

Viele Firmen behaupten, die Mitarbeiter seien ihr wichtigstes Kapital. Glauben Sie das auch, oder würden Sie differenzierter argumentieren?

In diesem Job ist die Fähigkeit, Leute zu entlassen, unabdingbar. Können Sie das, Herr Gehrer, Leute entlassen? Können Sie das?

Die Frage hat einen Hintergrund: Der den Job jetzt innehat, weiß noch nichts von seinem Glück. Wären Sie bereit, Ihren Vorgänger auch gleich selbst zu entlassen?

Manchmal, wissen Sie, geht es mir ähnlich. Dann muß ich in den Wald, sonst drehe ich durch. Die Ruhe, das Grün, der natürliche Ozongehalt des Waldes. Vogelstimmen. Zum Glück zeigt mein Hund immer Verständnis. Immer kommt er mit, auch wenn meine Frau... Aber wenn ich dann wieder hier bin... am Arbeitsplatz... hier... Entschuldigen Sie... entschuldigen Sie... es geht ja nicht um mich, sondern um Sie... entschuldigen Sie...

Dann erklären Sie mir mal, wie ein ganz einfacher Kühlschrank funktioniert – hier auf dem Papier. Sie haben doch selbst gesagt, Sie seien technisch interessiert.

Als Ihre Hobbys geben Sie an: klassische Musik und Wandern. Wie kommen Sie darauf?

Ist das so?

Was wollen Sie damit sagen?

Und so weiter, und so weiter. Kommen Sie zur Sache, Herr Gehrer!

Sind Sie belastbar?

Wie gut ist Ihr Beziehungsnetz?

Herr Gehrer, ein Mann mit Ihren Fähigkeiten!

Das habe ich Sie nicht gefragt.

So, so…

Hmm, hmm…

Jetzt rede ich!

Und weiter?

Haben Sie Fragen?

Sie brauchen ja nicht zu arbeiten, Herr Gehrer, mit einer solchen Frau!

Die Zeit ist um, Herr Gehrer.

Es war nett, Sie kennenzulernen.

In den nächsten zwei Wochen.

Wir bleiben in Kontakt.

Sie hören von uns – so oder so.

11

Nach zehn Wochen gibt Gehrer auf.

Er steht am Fenster, Hände in den Hosentaschen, und betrachtet, wie sich draußen gerade ein Frühling ereignet. Knospen an den Zweigen, in denen der Sommer hockt und wartet, bis sie platzen. In der Ferne: Kirschbäume explodieren weiß. Dann stehen sie in der Landschaft wie Baumwollknäuel. In der schwachen Spiegelung der Scheibe erblickt Gehrer ein Gesicht, nein, einen ganzen Menschen, stehend, leicht zerzaustes, schütteres Haar, offene Krawatte, Hände in den Hosentaschen, ein stummer Blick, der sich mit einem schimmernden Horizont vermischt, ein Gesicht wie ein Geist, in seiner Fremdheit bekannt, ein Gesicht, das plötzlich zu sprechen beginnt, zu Gehrer selbst spricht, und zum ersten Mal fällt das Wort »Verlierer«, es fällt grell und deutlich wie ein Hammer, der auf glühendes Eisen schlägt, nacheinander, immer wieder, und mit jedem Schlag schwirrt ein heller Ton durch das Wohnzimmer, mit jedem Schlag spürt Gehrer einen stechenden Schmerz in seinem Kopf. Der Mann in der Scheibe, der ihm die Sicht auf den Frühling verdirbt, bleibt vorhanden, auch wenn Gehrer die Augen schließt und sie wieder öffnet, und Gehrer ahnt, daß er ihn so schnell nicht mehr loswerden wird.

Die Erkenntnis: Niemand hat auf ihn gewartet. Gehrer beobachtet, wie seine Karriereleiter langsam von Holzwürmern zernagt wird – bis sie in sich zusammenkracht.

Es ist der Tag, an dem sich Gehrer erstmals mit seinem Schicksal abfindet.

Ginge es nach Adam Smith, müßte Gehrer längst wieder unter die Haube gefunden haben. Aber Adam Smith ist kein Weihnachtsmann und seine unsichtbare Hand kein Zauberstab. Es bleibt Gehrer versagt, an der Krippe eines Konzerns zu weiden.

Die Frage, ob er sich bei der städtischen Arbeitslosenkasse melden soll: Dann wäre sein Status offiziell beglaubigt, also öffentlich, einsehbar mit den nötigen Beziehungen, auch für Jeannette, besonders für Jeannette, eine Juristin, die sich in dergleichen Registern auskennt. Einbezahlt hätte er genug über all die Jahre, und es wäre nun einmal an ihm, an diesen vollen Eutern zu saugen. Gehrer läßt es sein.

Die Cafés sind bloß vorhanden, um Arbeitslose zu bedienen.

Wenn er im Café sitzt, dann läßt er die Stelleninserate aus. Er läßt auch den gesamten Wirtschaftsteil aus, bis er wieder einen Job hat, sagt er sich. Das tut gut. Ein freier Mensch braucht keinen Wirtschaftsteil, sagt er sich mehrmals, und je öfter er es sagt, desto heiterer wird ihm. Weil ihn Sport nicht interessiert und die Politik sowieso nicht, bleibt ihm noch das Kreuzworträtsel als einzige Schürfstelle dieses Papierbündels. Jedoch – ein Berufstätiger würde sich niemals mit einem Kreuzworträtsel in einem Café erwischen lassen, also sitzt er am Tischchen, die Zeitung neben sich, gefaltet wie eine Serviette, und beobachtet Passanten durchs verregnete Fenster.

Keine Kuhfladen auf den Straßen. Nur zwischendurch verrät ein Traktor die Nähe zum Land.

Gehrer staunt über die Masse der Arbeitenden, die allmorgendlich in den Bürokomplexen verschwinden und abends wieder herausströmen. So atmen die Gebäude ein und aus. Diese Menschenmenge war ihm nie zuvor aufgefallen, aber je länger er ohne Arbeit ist, desto kräftiger kommt sie daher – eine Armee an Beschäftigten!

Wie gibt man sich als Angestellter zu erkennen? Je weiter die Erosion der Bekleidungssitten in den Büros fortschreitet, desto subtiler die Zeichen, mit denen sich Stelleninhaber schmücken. Die Symbolik hat sich verlagert von den physischen Insignien – Anzug, Krawatte, Ledertasche, Luxuskugelschreiber (das können sich auch Arbeitslose leisten) – zu rein immateriellen Aushängeschildern – Gereiztheit, Zeitdruck, mürrischen Gesichtsverzerrungen.

Man kann es sich nicht oft genug sagen: Der Arbeitslose ist kein Arbeitsloser, sondern ein Arbeitsfreier.

Auch ein Arbeitsfreier hat das Recht, anständig bedient zu werden!

Gehrer beginnt, die Cafés zu hassen, dann zu meiden. Aber wohin schleppt man sich und seine Zeit?

Gehrer kennt bereits jeden Winkel des Kunsthauses. Wenn Gemälde umgehängt werden – die Giacometti-Ecke wird zusammengestrichen, dafür darf Baselitz expandieren –, ist er einer der ersten, denen es auffällt. Er ertappt sich dabei, daß es ihn freut, wenn er dergleichen Entdeckungen macht. Daß er dieses expandierende Wissen über die Stadt und ihre Alltäglichkeiten nicht operativ einsetzen kann, weiß er auch; trotzdem sind es diese winzigen Freuden mitten im Ärger, die seinen Tag vorwärtsstoßen.

Es fällt ihm auf: Arbeitslose im fortgeschrittenen Alter nennen sich oft »Berater«, um von ihrer unerfreulichen Stellung auf dem Arbeitsmarkt abzulenken. Soll er jetzt etwa verzweifeln und ebenfalls Unternehmensberater werden?

Früher hatte auch er Berater-Witze auf Lager! Sie steckten ihre Köpfe vor den Sitzungen zusammen und ließen Worte fallen wie »Den lassen wir ins Messer laufen« oder »Der überlebt das nicht«, rieben sich die Hände, grinsten und betraten den Konferenzraum, wo sie den Berater dabei überraschten, wie er mit zitternden Fingern seine Haare vor einem kleinen Spiegelchen zurechtstrich.

Manchmal taten sie ihm leid, die Unternehmensberater. Sie standen über Hellraumprojektoren gebeugt, schwitzten aus allen Löchern und produzierten Schleimspuren wie Schnecken auf der Suche nach Nahrung. Unternehmensberater: eine unterhaltsame Form der Langzeitarbeitslosigkeit. Oder wie ihm ein Amerikaner letzthin gesagt hat: It keeps you busy. Dabei hat er gelacht, der Amerikaner.

Er stellt sich vor: Sie schätzen seine Präsentation, sie finden an ihm auch persönlich Gefallen, an seiner Art, kein Blatt vor den Mund zu nehmen, der zu sein, der er wirklich ist, keine Show abzuziehen, sondern aufzutreten, professionell und mit Tatendurst. Der Auftrag kommt dann trotzdem nicht: Budgets, Kostensparen, die Rezession und so weiter. Später wird er erfahren: Eine etablierte Beratungsgesellschaft, eine McKinsey oder Boston Consulting Group, hat den Zuschlag erhalten. Dieses Schweinegeld hätten sie sich sparen können, wird Gehrer denken, und er wird es nicht erwarten können, dem Auftraggeber nochmals vorzurechnen, wie unendlich viel billiger und besser seine Beratungsleistungen gewesen wären, und dies besonders in einer Zeit der wirtschaftlichen Krise. Und seine andere Stimme wird ihm sagen, daß er mit solchen Klienten am liebsten gar nicht zusammenarbeiten sollte.

Gehrers Problem: So sind sie alle, die Klienten.

Es gibt auch erfolgreiche Berater. Ein Kollege von ihm hat sich auf Change-Management spezialisiert. An bester Adresse. Gehrer hat es zuerst nicht geglaubt, doch das schlichte Messingschild am Türeingang »Hostettler & Company« im Stil einer Anwaltskanzlei, ein gestochener Schriftzug, Copperplate 2B, vielleicht Arial Gothic, schnörkellos, unprätentiös. Das seitlich einfallende Sonnenlicht läßt es blinken, klingen. Eine tadellos gekleidete junge Frau, schulterlange, sanft gewellte Haare, Brieftasche unter dem Arm, ein Zauber von einer Frau, tritt durch die Tür, federnd, grüßt Gehrer anonym, aber herzlich, einen sommerlichen Parfümduft wie Seide durch den Wind ziehend, und hinterläßt Gehrers Hirn die Aufgabe, zu entscheiden, ob diese junge Dame auf der Lohnliste der Beratungsfirma steht oder aus einem anderen Grund durch diesen Ausgang gekommen ist. Gehrer steht noch lange vor dem Messingschild; wagt sich auch in den Hauseingang. Im Lift sind sämtliche Stockwerke mit »Hostettler & Company« bezeichnet. Was will Gehrer in diesem Haus?

Eine Daumenregel besagt, daß ein Berater, der nicht mindestens achtzig Prozent seiner Stunden in Rechnung stellen kann, ein toter Berater ist. Das sei einfacher gesagt als getan – sagt man ihm.

Ebenfalls wichtig als Berater: immer schön fleißig den neuesten Managementtrends hinterdrein.

Der Approach: Jeder Berater scheint einen zu haben. Was soll Gehrer ohne Approach?

Also sitzt er wieder im Café. Perlschnüre im Glas. Aufsteigende Silberkügelchen, die, wenn Gehrer das Glas in Bewegung bringt, schleierartige Spiralen in der goldfarbenen Flüssigkeit hinterlassen. Egal wie schief das Glas oder wie stürmisch die Oberfläche, stets wissen die Bläschen, wo es nach oben geht – ein Wissen, das Gehrer abhanden gekommen ist, ebenso wie die Fähigkeit, in Reih und Glied zu tänzeln. Sie entstehen immer an denselben Orten; egal wie er das Glas dreht, es gelingt ihm nicht, den Ursprung auszutricksen; sie schießen aus dem Nichts – Quecksilberreigen –, schwellen an, je mehr Bier sie durchschwommen haben, dann feinpolierte Kugellagerkügelchen, silberne Lufterbsen. Oben angekommen, hört das Bier auf, und die Kügelchen zerplatzen.

Daß es keine Luft ist, sondern Kohlensäure, was sich silbern verpackt seinen Weg durch das Gebräu bahnt, weiß jedes Kind. Wären die Biergläser baumhoch, die Kohlensäure würde bedrohlich zu fußballgroßen Blasen anwachsen, und jeder Vieltrinker liefe Gefahr, an der freigesetzten Kohlensäure zu ersticken.

Warum hat er's Jeannette noch nicht gesagt – drei Monate nach seinem Rausschmiß? Könnte es sein, daß sie es weiß, und spielt sie nur die Unwissende, um ihn zu schonen – oder sich?

Kohlensäure wie glitzernder Kaviar. Wenn er sein Ohr ins Glas hineinhält, so tief, daß die seitliche Kopfhaut das Glas vollkommen von äußeren Geräuschen abschirmt, also besser als ein teurer Kopfhörer, dann hört er den Schaum dahinschmelzen. Das klingt wie Schneefall, das Rieseln von hartem Schnee.

Der weiße Schaum wie eine bakterielle Ausscheidung. Flüssige Bierrinde. Der Schleim bei wiederkäuenden Kühen, der sich ums Maul herum ansammelt und ins frische Gras tropft. Wäre der Mensch ein Frosch, er würde nicht zweimal überlegen, darin zu laichen.

Gehrer nimmt einen tiefen Schluck und knallt das Glas auf die metallene Tischplatte. Irritierte Blicke von allen Seiten. Es ist Ende Mai. Sein letzter Monatslohn ist überwiesen. Jetzt kommt nichts mehr – jedenfalls nichts mehr von der SolutionsUniverse.

Ein Glück, daß es wenigstens Jeannette noch gibt!

12

Tage. Man hat sich dafür zu verantworten: Der Zeitrichter erscheint spätestens am Abend, wenn man im Bett liegt und nicht einschlafen kann vor Munterkeit. Dann kommt der Richter mit der großen Stoppuhr in der Hand und sagt: »So, Gehrer, wie war dein Tag? Erzähl!«, während die Uhr in seiner Hand tickt und tickt wie eine Zeitbombe. Gehrer würde sich am liebsten unter die Bettdecke verkriechen, aber er ist ja kein Kind mehr, meint er. Er weiß, daß der Zeitrichter auch unter der Bettdecke hockt. Er wird ihn hassen lernen, diesen Lebensanwalt mit der großen Stoppuhr, und es wird kein angenehmes Einschlafen sein, weiß Gehrer.

Der Richter hat Nachtschicht. Offenbar kein Arbeitsloser.

Am Nachmittag arbeitet der Richter nicht. An Nachmittagen kann Gehrer schlafen wie ein Murmeltier, eingewickelt in die schönsten Träume. Nur am Abend, wenn der Richter zur Arbeit geht, erwischt er Gehrer jedesmal. Gehrer fragt sich, weshalb dieses Beharren. Eigentlich sollte die Zeit längst festgestellt haben, daß bei ihm nichts zu holen ist, keine saftigen Gewissensbisse, keine Eingeständnisse. Der Richter wird wieder verschwinden, wie er gekommen ist, mit leeren Händen und knurrendem Magen. Aber er wird wiederkommen, am nächsten Abend und am übernächsten. Wie zeigt man der Zeit den Finger?

In der Schule gelernt: Ameisen sind arbeitsame Tiere. Kröten sind faule Tiere.

Gehrers verbissene Suche nach Geschäftsideen, während er daliegt und wartet, bis der Schlaf kommt. Geschäftsideen – man läßt sie laufen wie Kinder über eine unendliche Blumenwiese, man läßt sie über die Felder fliegen und immer kleiner werden. Manchmal kehren sie mit erdigen Händen und besudelten Kleidern zurück, strahlen, wischen sich den Staub aus dem Gesicht. An guten Tagen kommen sie mit einem Strauß zurück – dünne, durch das Laufen abgeknickte, zerzauste Blumen, denkbar nur in den zusammengepressten Kinderhändchen, schon zu Hause machen sie schlapp, wollen nicht mehr stehen, nicht mehr lachen.

Manchmal kommen die Kinder gar nicht mehr, und man beginnt, nach ihnen zu suchen, zu rufen, zu schreien. Der Abend schleicht über die Blumenwiese und schluckt ihre Farben.

Irgendwann schläft Gehrer dann schon ein. Vom Wind gejagte Wolken im Mondschein.

Sein nachmittäglicher Rundgang durch die Stadt. Die Universität zieht an ihm vorbei. Studenten: Begeisterung in ihre Taschen gepackt. Die Verbissenheit, mit der sie diskutieren, selbst an Tramhaltestellen. Eine Lawine an Begeisterung. Am Ende des Semesters werden sie zu Tausenden in den Tümpel der Arbeitenden strömen und das Wasser vergiften. Eine schleimige Masse an flinken Viechern. Kaulquappen, denen Beine wachsen. Frösche, die heraushüpfen und Positionen erklettern. Ihre zupakkenden Hände, mit denen sie würgen werden. Gehrer kommt sich vor wie aus Laubsägeholz, hart und trocken, angesichts dieser Brut von betriebswirtschaftlichem Nachwuchs.

Manchmal schleicht sich Gehrer in die Hörsäle, um sich etwas von der zelebrierten Frische abzustreichen. Ein Raum, hell, erfüllt von elektrisierendem Kampfgeist. Hunde würden darauf sofort ansprechen, Zähne fletschen und einen borstigen Nacken zur Schau stellen. Aber so etwas riecht auch er. Gehrer kennt diese Ausdünstungen, und vielleicht ist es das einzige, was er diesen jungen Leuten voraushat. Gehrer setzt sich in eine hintere Reihe, dort, wo man nicht mehr nach seiner Meinung gefragt wird. Er hockt da und hört zu. Er hört zu und spielt mit seinen Zehen. Er spielt mit seinen Zehen und fragt sich, ob es wohl gelingt, die zweite Zehe über die große zu schieben? Es gäbe genügend Platz in seinen Schuhen, die Socken spannen kaum, doch die Motorik versagt. Befehl um Befehl schießt er an die äußersten Muskelfasern seiner Geographie, aber sie führen nicht aus. Erstmals der Gedanke an Hirnschlag, während der junge Dozent begeistert Wissen versprüht. Vielleicht sind es doch die Socken, die spannen – was aber nicht sein kann, denn die große Zehe legt sich problemlos über die kleinere, nur umgekehrt geht's nicht. Gehrer notiert kaum etwas von dem, was der Professor sagt, und wenn er notiert, dann sind es Satzfetzen, Zusammenhangloses, das noch während der Vorlesung ins eigene Papier gewickelt und unter Rascheln in die Form eines sperrigen Kügelchens gepreßt wird.

13

Wenn sie ausgehen, Jeannette und er, zum Beispiel in die Kronenhalle – aber immer öfter in Lokale, die wegen ihrer Preise beliebt sind –, muß Gehrer Geschichten erfinden. Er kann ja nicht dahocken wie ein Frührentner und zwischen den Gängen in seinen Zähnen herumstochern. Man geht auch nicht fünfmal auf die Toilette – um Zeitung zu lesen. Die Ungleichverteilung an Gesprächsstoff.

Jeannette ist viel zu beschäftigt, als daß sie merken würde, was sich hier abspielt. Solange man den Deckel nicht öffnet, bleibt die Lebenslüge frisch. Die Gesetzmäßigkeiten des Theaterstücks sind bestechend einfach: Jeden Morgen Geschäftskleidung anziehen, warten, bis Jeannette aus dem Haus ist, dann wieder in den Pyjama und Fernseher an. Ab und zu ein Bummel durch die Stadt. Sonnenbrille auch bei Regen, damit der geschwätzige Briefträger einen nicht gleich erkennt und verpfeift.

Wäre Zürich eine Großstadt, man könnte dieses Stück ein ganzes Leben lang aufführen. Aber ein Dorf verträgt nur ein beschränktes Maß an Theaterkultur. Eine Gesellschaft von Leuten, die so viele andere Leute kennen, ist auf den Ernst des Lebens angewiesen. Es ist, als besitze hier jedermann einen dicken Magnet, mit dem er die Wahrheit ans Licht zerren wird. Es ist nur noch eine Frage der Zeit.

Vielleicht weiß es Jeannette schon lange und wartet nur, bis er's ihr persönlich sagt. Und Gehrer wartet, daß irgendwas passiert, damit er's ihr nicht persönlich sagen muß.

Einmal hat Jeannette etwas Wichtiges zu Hause vergessen – einen Vertrag, an dem sie bis Mitternacht gefeilt hat. Gehrer sitzt am Frühstückstisch, zerbricht gerade einen aufgebackenen Gipfel, Brosamen regnen über die Zeitung, er sitzt da, unrasiert, in ausgeleierter Schlafmontur, es ist schon elf Uhr, und Gehrer frühstückt noch immer wie ein König.

Jeannette steht im Türrahmen wie ein Vorwurf.

Gehrer, erstaunt über ihre Vergeßlichkeit.

Es ist ja nicht sein Problem, daß sie ihn zu Hause antrifft.

Es ist auch nicht das erste Mal.

Jetzt macht er ihr klar, daß er von zu Hause aus arbeiten kann, jawohl, selbst als Marketingdirektor, das funktioniere problemlos, außerdem sei es viel effizienter, weil er nicht ständig von idiotischen Mitarbeitern gestört werde, virtuelle Arbeitsorganisation, jetzt en vogue selbst bei der Solutions-Universe. Damit hat Gehrer sein Territorium geschickt abgesteckt.

Problematischer, wenn sie ihn am Nachmittag im Pyjama erwischt, was auch einmal vorkommt: Sie spaziert herein und sagt kein Wort.

Jeannette muß merken, daß etwas nicht stimmt. Aber Gehrer weiß, daß eine Frau die Schuld immer zuerst bei sich selbst sucht. Das macht es dem Mann leicht, die Grenzen des Anstands zu testen.

Eines Morgens ist sie krank. Sie ist tatsächlich krank. Gehrer kann es kaum glauben. Er besteht darauf, daß die Temperatur nochmals gemessen wird. Die zweite Messung bestätigt: achtunddreißig eins. Ein Wert zwischen gesund und krank, zwischen Arbeit und Haus. Sein Versuch, ihr die Bettlägerigkeit auszureden, weil angeblich gerade die geistige Aktivität in der Kanzlei die weißen Blutkörperchen aktiviert, die sich dann in um so größerer Zahl auf die Krankheitserreger stürzen würden. Wer kennt das nicht: Man stellt sich krank und holt sich tatsächlich die Grippe! Deshalb und in diesem Sinn: sich einen Ruck geben, und die Grippe ist wie weggeblasen! Diese Unverschämtheit bringt er vor, während er für sich gerade eine herrlich duftende, braungoldene Scheibe Toast mit einer Schicht Butter grundiert.

Jeannette läßt sich ihre Genesung nicht ausreden. Außerdem: Hat er denn nichts zu tun im Geschäft? Wo bleibt der Arbeitsanfall, über den er sich in letzter Zeit besonders heftig beklagt?

Gehrer fingiert einen Anruf ins Geschäft, bei dem er lauthals verkündet, seine Frau sei sterbenskrank, er könne leider nicht zur Arbeit erscheinen, sein Stellvertreter solle doch die geplante Sitzung leiten und ihm das Protokoll per E-Mail zustellen. Beim Auflegen bricht der Hörer fast entzwei.

Offenbar hat sie noch nichts gemerkt.

Fragen, einfachste Fragen, die mit oder ohne Hintergedanken auf den Tisch kullern: »Wie war dein Tag?« Es ist Abend. Jeannette, eingepackt in Wolldecken, ihre Hände um eine dampfende Tasse Kräutertee geflochten, sitzt am Tisch, während Gehrer seinen Mantel an den Bügel hängt und sich die Krawatte vom Hals zerrt. Sein Hemd verschwitzt von einem vorsommerlich schwülen Tag im Park. Jeannettes Frage hüpft wie ein Ball, Gehrer kann ihn nicht ignorieren, der Ball ist da und hopst, er hopst und hüpft und leuchtet und grinst, während Gehrer Salat auf seinen Teller schaufelt. Manchmal versucht er ihn mit der Gabel aufzuspießen, den lästigen Frageball, aber da ist nichts, und Gehrer muß sich entschuldigen, weil er soeben vor Jeannettes Augen den Teller zerkratzt hat mit den harten Zinken. »Gut – und wie war dein Tag?« reicht als Antwort nicht, nicht einmal für eine rhetorische Frage. Es gibt keine Abkürzungen im Leben. Der Ball hüpft und fordert Geschichten, Tatsachenschilderungen, Geschäftsintrigen, lauter Dinge, die Gehrer erst noch erfinden muß. Warum wühlt er nochmals in der Salatschüssel, obwohl er noch kein Blättchen von seinem Teller gegessen hat?

Man kann ein Glas nicht doppelt mit Wasser füllen! Gehrer veranstaltet eine Überschwemmung, die keine Frage aus dem Land schwemmt. Sie ist noch immer da und wartet. Wartet auf Gehrer. Plötzlich packt Gehrer den Hals einer Weinflasche und schlägt sie krachend über den Tisch. Glassplittersalat. Vom Tischtuch tropft Rotwein. Ein heller Spannteppich saugt wie der Mund eines Kleinkindes.

Jeannette bleibt gefaßt und hinterläßt die seltsame Vermutung, sie hätte es erwartet. Sie steht bloß auf, schält sich aus den Wolldecken, reißt saugfähige Papiertücher von der Wandrolle – meterweise – und beginnt die Schweinerei aufzuputzen. Wortlos. Als wäre Gehrer ein Säugling, der nichts dafür kann.

Gehrer tastet sich vorsichtig an die Realität heran.

Es wird höchste Zeit, ihr die Wahrheit zu sagen.

14

Ein Brief umkreist die Erde vierundachtzigmal, bevor er von einer fleißigen Reinigungscrew in Zürich-Kloten aus der Rücklehne eines Economy-Class Sitzes – eingeklemmt im verklebten, laminierten Faltprospekt, der von Notausgängen und geglückten Wasserlandungen erzählt – geborgen und auf die Post gebracht wird. Die Schweizer Post tut, was gegen verschiedene Gesetze und interne Reglements verstößt: Sie bringt den Brief trotz der fehlenden Frankierung – eine karibische Marke genügt im innerschweizerischen Postraum nicht – an Gehrers Tür. Da Jeannette einen echten Job hat, ist sie als erste Person des Haushaltes auf den Beinen. Damit kommt sie in den Genuß, die Post zu öffnen.

An diesem Morgen steht sie in der Küche, hantiert langsamer als sonst, bedeutend langsamer, jede Bewegung verzögert, eigentlich stützt sie sich bloß am Herd auf, sie steht da im Pyjama statt in ihrem rassigen Zweiteiler, das Haar in alle Richtungen zerzaust. Erschüttert am ganzen Körper. Keine Ahnung mehr, wie man ein Ei kocht. Wasser wirft Blasen und dampft, ein Deckel trällert. Der Toaster spuckt warmes Brot aus, dieses wird von einer Hand zurück in den Toaster gedrückt, sie sucht nach einem Löffel, mit dem sie die Eier aus dem siedenden Wasser fischen kann, findet keinen, weil sie am falschen Ort sucht – seit wann ist das Besteck im Kühlschrank? –, der Toaster raucht, es riecht nach Verbranntem, aber Jeannette kann nicht kombinieren, sie sucht noch immer nach einem Löffel oder einer Zange, bis sie nicht mehr weiß, wonach sie überhaupt sucht, der Deckel vibriert, Dampf aus dem Eiertopf – weshalb hält sie jetzt eine Schere in der Hand? –, der Toaster spuckt erneut die beiden Brotscheiben aus, jetzt in Form verkohlter Korkplättchen, und mit diesen harten Stücken angelt Jeannette nach den siedenden Eiern, was ihr nicht gelingt, weil die Brotscheiben in dem brodelnden Wasser zerfallen. Schließlich schleudert sie die ganze Anlage – Topf mitsamt schwimmenden Eiern und Brotscheiben und Toaster – ins Spülbecken und kühlt die Bescherung mit fließendem Wasser aus. Beim daraufhin fälligen Kurzschluß brennt die Sicherung durch, und Gehrers Rasierapparat steht augenblicklich still.

Gehrer kommt aus dem Bad – die linke Gesichtshälfte rasiert –, um der Sache auf den Grund zu gehen, und findet den Grund am Spülbecken stehend. Jeannette läßt ihr offenes Haar auf das angerichtete Unglück regnen. Unter den dunklen Strähnen ballen sich Augen zu Wurfgeschossen.

Die Wahrheit. Synkopische Pausen. Schweigen. Schweigen in Gestalt eines Schreis. Jeannette setzt sich. Gehrer setzt sich. Die Wahrheit liegt handgeschrieben und aufgefaltet auf einer halben Seite Papier auf dem Tisch.

So ist das, sagt er, während er das Drei- oder Dreiundzwanzigminutenei köpft.

Ihr Haar fällt zwischen den gespreizten Fingern hindurch. Haar, das nicht aufhört zu fallen, schwer und dunkel und geheimnisvoll wie ein Wasserfall bei Nacht.

Er sitzt am Tisch und spielt mit dem Kaffeelöffel. Er weiß nicht, weshalb er plötzlich lacht.

Wie er ihr so gegenübersitzt, sitzt er einer Fremden gegenüber, und allein die vollkommene Beherrschung, mit der er dies wahrnimmt, verblüfft ihn.

Plötzlich werden ihre Augen kalt. Ausgeknipst. Ihr Blick hat jetzt noch eine Reichweite von wenigen Zentimetern.

Gehrer sagt immer nur »hmm«, mehrmals hintereinander »hmm«, um nicht stumm zu sein wie ein Stein. Er klatscht mit dem Kaffeelöffel ein paarmal auf seine Handfläche. Das Ei ist hart wie ein Golfball. Gehrer vermischt es im Mund mit viel Kaffee und spült die nahrungsreiche Lösung hinunter – bis nichts mehr von dem Ei übrigbleibt. Dann schließt er die Augen, um nicht dabeizusein.

Kein Wort. Jeannettes Blick jetzt nach innen gekrümmt. Was außerhalb liegt, und dazu gehört Gehrer, existiert für sie nicht mehr.

Plötzlich läßt Gehrer den Kaffeelöffel auf den Tisch fallen. Ein schriller Ton reißt die Stille mittendurch. Dann liegt der Löffel auf dem Tisch und schweigt mit. Gehrer hat ein Zeichen gesetzt, daß das Leben weitergeht.

Er steht auf und sucht den Sicherungskasten. Er sucht lange – geht auf und ab im ganzen Haus. Er sucht weiter, als er ihn längst gefunden hat...

Als er aus dem Keller hochkommt, hört er, wie Jeannette die Autotür zuschlägt und davonfährt – Reifenspuren auf Kies hinterlassend.

15

Jetzt baggern sie wieder. Seit Jahren im selben Quartier. Verlegen Kanalisation. Reißen den Platz vor dem Stadttheater auf, löchern hinter dem Lehrerseminar. Kanalisationsrohre oder Glasfasern oder Starkstrom, weiß der Teufel. Alles will verlegt sein. Eine städtische Infrastruktur muß unter den Boden. Dann wird zugeschüttet, frisch schwarzglänzend asphaltiert – Regen perlt ölig ab, süße Benzindämpfe steigen auf –, und nach kurzer Zeit wird wieder aufgerissen, gebuddelt, gebaggert und Kabel verlegt. Oder Rohre. Gelbe Helme gucken aus Schächten. Im Tiefbau fällt nichts auf den Kopf. Kann nicht. Helme schützen vor Himmel. Kein Auto fällt in die bearbeitete Grube. Mehrstufige Absperrungen und polizeilich angeordnete, vorgespurte, ausgeschilderte Umfahrungen lenken den Verkehr ab, zwängen ihn in andere Quartiere, in unbebaggerte.

Wenn das Tiefbauamt in der Straße herumfingert: Parkplätze, ganze Parkplatzzeilen, bleiben leer gefegt. Dürfen nicht einmal zu Übungszwecken benutzt werden. Weißumrandete, quergestrichelte parkuhrbehütete, kundschaftverlassene Felder liegen da, ziehen sich in die Länge, eins nach dem anderen, machen auf Parkfeldwurm, reizen mit ihrer Unbelegtheit, überlassen sich den Hunden, die jetzt mal an den Randstein dürfen, was sonst nicht geht. Die Parkuhren blinzeln abgelaufen, nicht gewohnt, mahlzeitenlos zu stehen, tagelang, wochenlang.

Rein ökonomisch betrachtet: Das Parkfeld ist ein knappes Gut und könnte für alle möglichen Arten mikroökonomischer Spekulation herhalten. Tut es aber nicht, weil Gehrer den sich schneidenden, vom eigenen Gewicht durchhängenden Angebots- und Nachfragekurven davongefahren ist. Gehrer hat Kundschaft. Kundschaft auf der Suche nach Übungsraum. Aber Übungsraum läßt sich schwer auftreiben, wenn sie vor dem Stadttheater baggern und hundert Parkfelder aus dem Verkehr ziehen. Kundschaft braucht Übung. Ohne Übung kein Meister. Einparken auf einem weiten Feld, einem Industrieareal zum Beispiel, das geht nicht. Nur unter echten Bedingungen wird aus einem Fahrschüler ein Fahrer, aus einem Einparkschüler ein Einparker. Nur unter echten Bedingungen erwächst jene feine Koordination zwischen dem nach hinten gedrehten Blick, dem über dem Bremspedal schwebenden und jederzeit bereiten rechten Fuß, dem die Kupplung sanft schleifenden linken Fuß und den spiegelverkehrt steuernden, mit dem Lenkrad verwachsenen Händen. Unter echten Bedingungen wird geprüft, unter echten Bedingungen wird bestanden oder nicht bestanden. Und unter echten Bedingungen wird weitergeübt, bis unter echten Bedingungen bestanden wird. Die meisten kommen irgendwann durch, die wenigsten geben auf, besonders bei Gehrer. Deshalb die Forderung nach Erweiterung des Übungsraumes.

Gehrer genießt es, Kundschaft zu haben. Zum ersten Mal seit 40 Jahren hat Gehrer Kundschaft.

Früher gab's höchstens interne Kundschaft. Interne Kundschaft an drei Fingern abgezählt: Finanzchef, CEO, Aufsichtsrat. Ein Budget, ein Marketingkonzept, eine Akquisition und vor allem sich selbst mußte Gehrer an seine dreifingrige Kundschaft verkaufen. Gehrer entzückte allgemein, gewann das Spiel mit leichter Hand, während das Spiel ihn immer weniger überzeugte, ihn allmählich verlor. Die echte Kundschaft blieb ein Phänomen. Von irgendwoher kam das Geld ja herein. Irgendwo da draußen mußten also Konsumenten sein, fein verstreut, pulverisiert, winzige Einkommensquellen, Cash-Drüsen, deren Geldrinnsale über den Einzelhandel, den Großhandel, die Vertretungen, über Joint-ventures, Tochtergesellschaften und Ländergesellschaften schließlich als konsolidierter, dickflüssig mäandrierender Geldstrom in die Bilanz mündeten. Anders konnte man es sich gar nicht vorstellen. Und vermutlich war es auch so.

Jetzt hat Gehrer Kundschaft. Fahrlehrer? Wer hätte das gedacht? Gehrer ist noch für Überraschungen zu haben – trotz seines Alters!

Der Rausschmiß, die neugefundene Frische, ein radikal anderer Beruf. Der Fahrlehrerausweis kommt ihm jetzt sehr gelegen. Ein kleiner Test, und schon ist er wieder zugelassen. Damals als Werkstudent hatte er in verschiedenen Fahrschulen unterrichtet. Zwei Jahre lang. Wenn sie dann einigermaßen einparken konnten, seine Fahrschüler, hat sie der Besitzer der Fahrschule übernommen und zur Prüfung hin poliert. Sein Fahrlehrerzeichen leuchtete heller als das gelbe Rechteck der armen Schweine, die als Taxifahrer ihr Biergeld verdienen mußten.

Gehrer schon damals im Besitz des Karrierejobs der Straße.

Nein, er macht es nicht den anderen nach. Nein, er wird nicht freiberuflicher Unternehmensberater – von diesen unergiebigen Schicksalen hat er genug gesehen!

Gehrer hat sein Familienwappen gegen ein eingerahmtes »L« eingetauscht. Ein großes »L« auf blauem Grund.

Ein Arbeitsloser gibt nicht so einfach auf, nein, so leicht gibt Gehrer nicht auf!

Blütenstaub wie Rauch im Himmel. Seichtgelbes Mehl überall – unter dem Gummi der Scheibenwischer, in den Ritzen hinter den Nummernschildern, in den Einfassungen der Außenspiegel, unter den Türgriffen. Manchmal rieselt Staub die Scheiben hinunter, lautlos, eine winzige Staublawine. Die Scheibenwischer nützen nichts. Sie rutschen bloß über das mehlige Glas hinweg. Mit Scheibenwasser geht es besser, nur bleiben dann dicke, gelbe Schlieren an den Scheibenrändern, dort wo die Gummiwischer nicht hinkommen.

Blütenstaub im Gebläse, wenn man es einschaltet.

Gehrer weiß: ein krisenresistentes Geschäft. Nicht einmal der Handel mit Zahnbürsten ist so beständig wie das Fahrlehrergewerbe. Sicherer sind bloß die Bestattungen, aber auch dort gibt es bereits Discountsärge und Sparangebote in Sachen Kränze. Fahren hingegen gehört zum persönlichen Skill-Portfolio, denkt Gehrer, während er kraftvoll befiehlt: »Vorne bitte rechts halten.«

Selbständig Erwerbender – jenes Feld auf Fragebögen, das ihn stets mit Neid erfüllt hatte. Der Genuß, die eigene Hand am Drücker zu wissen. Gehrer, ein Kleinstunternehmer.

Das Schweizerische Verkehrspädagogische Institut hat recht, wenn es ermahnt: »Seien Sie sich bewußt: Als Fahrlehrer leben Sie im ständigen Ernstfall. Fehler können fatale Folgen haben.«

Gestern vier Schüler, zwei haben abgesagt, einer ist nicht erschienen, kam einfach nicht, auch nicht nach einer halben Stunde, gewartet, Zeitung ausgepreßt, Stelleninserate verflucht, mit anderen Fahrlehrern gequasselt, nach einer halben Stunde weggefahren zum Auftanken, Scheiben geputzt, Blütenstaubschlieren weggefegt, Kühler poliert, Wasserstand gemessen, alles in Ordnung, auch der Reifendruck, dann zum einzigen Fahrschüler, der pünktlich vor Ort stand. Kein guter Tag, kein schlechter.

Ein schlechter Tag wäre: Zu Hause warten, bis das Arbeitslosenamt die monatliche Knete rüberschiebt, lautlos, elektronisch, anonym, als hätte er ein Abonnement. Ein schlechter Tag wäre: Sich aufregen über Jeannette, weil sie nun erwartet, daß er für die Geschirrspülmaschine, ja für den gesamten Haushalt verantwortlich sei. Ein schlechter Tag wäre: In den Kneipen saure Gesichter schneiden und sich, über Bierflaschen gebeugt, beklagen, daß die Konjunktur ihren Arsch nicht heben will.

Auch Jeannette hat sich wieder gefaßt. Daß man Gehrer trotz seiner Monumentallüge nicht einfach im Unglück liegenlassen kann, ist offensichtlich. Schließlich ist man verheiratet.

Manchmal wär's erträglicher, wenn auch Jeannette… denkt Gehrer. Dann ist es ihm peinlich, daß er so etwas gedacht hat. Jeder Franken hilft. Man muß es sich ja nicht täglich zurufen, daß man mit seinem Einkommen keine Spatzen füttern kann.

Für das Benzin darf er jetzt Jeannettes Discountkarte von der Kanzlei benützen. Zehn Rappen weniger pro Liter. Das ist lieb von ihr. Auch die Umrüstung des Wagens – ein Bremspedal rechts, zusätzliche Rückspiegel, die Prüfung und Abnahme durch den Kanton – kommt aus ihrer Tasche. Daran erinnert sich Gehrer nicht oft. Jeannette nicht gern.

Das eingerahmte »L« hat er wie ein Kind adoptiert, sogar zusätzlich in die Mitte seines Namens gequetscht. Ein rechtwinkliges Findelkind. Das Initial eines erfundenen zweiten Vornamens. Er läßt Visitenkarten drucken, die das »L« in die Welt hinaustragen.

Jeannette findet es geradezu lächerlich, die Geschichte mit dem »L«. Wenn sie zusammen einen Vertrag zu unterzeichnen haben, zum Beispiel für eine jetzt notwendig gewordene zweite Hypothek, dann gleitet das Winkelchen fett und trotzig aus dem Kugelschreiber, während Jeannette daneben steht und mit den Augen rollt.

Was sie ebenfalls sagt: Was soll ein studierter Betriebswirtschaftler als Unterhund im Straßenverkehr?

Wie nicht anders zu erwarten: Wenn Gehrer fährt, dann purzelt ihm der Fahrlehrer aus dem Kopf, auf den Fahrersitz, klebt sich zweihändig an das Lenkrad, bedient drei Pedale wie ein Orgelmanual. Ein Stoppsignal gewinnt durch Gehrers Befolgung, durch ein synkopenbeladenes, plattgewalztes Warten, erst richtig an Bedeutung. Ein Rotlicht wird erst durch Gehrer zum Rotlicht. Gehrer tauft Geschwindigkeitstafeln, segnet Übertretungslinien, spricht Rechtsvortritt heilig. Gehrer macht den Verkehr zu dem, was er in dieser Stadt ist – eine ernst zu nehmende und ernst genommene zivilisatorische Errungenschaft. Ist er deswegen ein Pedant? Eine grobe Fahrlässigkeit, und er hätte mehr als seinen Führerschein verloren. Was dann? Etwa Gestelle auffüllen im Supermarkt? Geht etwa Jeannette nachlässig mit ihren verdammten Gesetzbüchern um? Tritt Jeannette internationalen Mergers & Acquisitions-Verträgen ans Schienbein? – fragt er aber nicht, sondern würgt es hinunter, bevor es herauskrabbelt aus seinem Mund, aus seinen Schweißdrüsen, überall.

Manchmal sagt sie: Du hast nur noch Motor im Kopf.

Oftmals an Sonntagen ist Jeannettes Freundin dabei. Dann fahren sie zu dritt spazieren. Manchmal winkt ein Paß mit silbernen Gletscherzungen, manchmal eine Stadt. Gehrer fährt. Die Damen auf dem Rücksitz. Fehlt nur noch, daß er eine Chauffeursmütze aufhat. Aber so fuhren sie schon, als Gehrer noch Marketingdirektor bei der Solutions-Universe war. Es macht ja keinen Sinn, wenn sie am Steuer wäre. Gehrer auf dem Beifahrersitz, die Freundin hinten, oder Gehrer mit der Freundin hinten. Geht beides nicht. Dann hätte er nichts zu tun, müßte sich auch noch unterhalten, es sei denn, die Landschaft verschlüge ihnen die Sprache, was sie selten tut. Außerdem fährt er besser, sicherer. Das wissen auch sie. Deshalb fährt er.

Gehrer weiß: Das »L« könnte auch für »Loser« (Verlierer) stehen.

Am Abend, wenn der Verkehr erloschen ist und die vom letzten Fahrschüler kräftig angeschobene Autotür langsam ins Schloß fällt, dabei eine kalte Schütte Luft mit ins Auto wirbelnd, ist Gehrer ganz allein. Draußen kriecht ein bleigrauer Himmel über die Straßen, fällt von hinten auf einen einsamen, immer kleiner werdenden und schließlich zu einem Punkt verdampfenden Fahrschüler. Gehrer zählt seine Scheine und schiebt sie in ein Kuvert. Darauf notiert er Datum und Betrag. Das Kuvert wandert in die Innentasche seines Jacketts und wärmt von dort aus seine Brust. Dann fährt Gehrer zum Tanz auf. Bläst sich Wagners »Tannhäuser« in die Ohren oder Bruckners Vierte. Spielt für sich selbst Fahrlehrer, parkt einhändig auf den knappsten Feldern, nimmt Spurenwechsel vor mit der Präzision eines Testpiloten, hält vor einer Stopplinie, so daß sich die äußersten Gummimoleküle seiner Reifen mit den Farbmolekülen der weißen Stopplinie zärtlich berühren. Fährt bei Grün los, nicht spurtend, nicht aufheulend, sondern konstant beschleunigend, dafür bei Grün, nicht bei Grün plus einer Zehntelsekunde, sondern bei Grün plus Null.

Gehrer macht das beste aus seiner Situation. Das sagen viele.

Seine Fahrschüler: halb so alt wie Gehrer und trotzdem so ausgewachsen, fertig, mit beneidenswert festen Plänen im Kopf. Sie ermüden ihn nicht. Sie behandeln ihn mit Respekt. Das überrascht ihn, denn von der Jugend, die er einst vom achtzehnten Stockwerk eines Glaspalastes aus mit Marketingbotschaften vollprügeln mußte, hat er anderes gehört.

Es gibt Fahrstunden, die enden in den ersten Minuten auf einem Parkplatz: Gehrer tischt Erkenntnisse auf. Er hat wenig Schüler. Viel zu wenig, um sich als profitables Unternehmen zu bezeichnen.

Wenn einer seiner Schüler vor einem Fußgängerstreifen anhält, um einen Geschäftsmann über die Straße zu lassen, ein ehemaliger Arbeitskollege von Gehrer, ein ehemaliger Vorgesetzter oder Mitarbeiter: Es gibt keinen Grund, das Fenster herunterzukurbeln, zu winken, einen Namen über die Straße zu schicken oder gar hupend die Aufmerksamkeit des Fußgängers einzufangen. Er läßt ihn passieren, so wie es sich nach Straßenverkehrsgesetz Art. 3 Abs. 2 gehört, und achtet darauf, daß sein Schüler nicht losfährt, bevor sein ehemaliger Vorgesetzter, Mitarbeiter, Kunde, Aufsichtsrat, Investor et cetera die andere Straßenseite unversehrt erreicht hat.

Es soll Kollegen geben, die gehen die Straßen auf und ab, Mappe unter dem Arm, den ganzen Tag, laufen dem Asphalt die Haut wund, selbst bei Regen. Verkriechen sich in Cafés, rascheln in ihren Papieren, machen Kreuze auf einem Schreibblock, zeichnen Kreise, Schlangenlinien und eigene Unterschriften. Dann legen sie das Kleingeld auf den

Tisch, hören auf zu rascheln und marschieren weiter durch die Straßen. Es gibt einige, die wechseln sogar die Krawatte von Tag zu Tag.

Gehrer kennt das. Daß er den freien Fall aus eigener Kraft hat unterbrechen können, spricht für ihn.

Manchmal wird Asphalt aufgekratzt und wieder frisch aufgetragen – selbst wenn mit dem alten Belag alles in Ordnung war. So unverständlich, wie wenn Jeannette ihre Nägel ablaugt und neu lackiert.

Zuweilen wünscht sich Gehrer ein Sonnendach. Mit einem Sonnendach sähe man wenigstens die Kirchturmspitzen.

Wenn der Wagen in einer Sackgasse plötzlich zum Stillstand kommt, wenden muß, hin- und hersägend: Gehrer ist nicht bei der Sache, vertropft seine Zeit lieber außerhalb, schabt mit seinem Blick an abbröckelndem Verputz, schüttelt dabei gutmütig den Kopf, als sei der Fehler dem Fahrschüler anzulasten. Natürlich war es der Fahrschüler! Gibt es denn ein auffälligeres Schild als jenes, das »Sackgasse« bedeutet? Unreif zur Prüfung! Lektionen fließen aus allem.

Die Stadt hält sich auch Sackgassen, wo Hinundhersägen nicht funktioniert, wo die Gasse in einer Verengung zum Abschluß kommt, zu eng aufeinander die Häuserzeilen oder zu dick die Autos. Man schlängelt sich im Rückwärtsgang mühsam und stotternd heraus. Es geschieht nicht selten, daß Lehrer und Schüler dann die Plätze tauschen, bis man sich herausgewunden hat.

Gehrer stellt sich Sackgassen vor, die Menschen verschlucken, Sackgassen, deren Enden locken. Fußgänger, die Zukunft zusammengebunden unter den Arm geklemmt, Leute mit Karren, manchmal auch Fahrräder schiebend, manchmal einfach so, in neuen oder ausgedienten Mänteln, alles strömt in die Sackgassen hinein, stumm, mit sich selbst beschäftigt, aber nichts kommt heraus. Menschen, die man nicht vermissen wird, die man kennt von zufälligen Begegnungen und deren Namen und Gesichter schnell wieder zu vergessen man das Recht hat. Vielleicht sind es immer dieselben Gestalten, dieselben flüchtigen Bekanntschaften, eine Menschengruppe, die davon lebt, flüchtig zu sein, unaufdringlich, namenlos, wahrscheinlich arbeitslos und damit bedeutungslos, die sich am Ende jener Sackgassen zusammenballt und von einer Welt erzählt, wo alles mit Bedeutung aufgewogen wird.

Gehrers Auto wird zur Zweitwohnung; die erste Wohnung zur Folterkammer.

Wenn Gehrer seinen Sitz ganz zurückstößt: Der Verkehr verschwindet im toten Winkel, entflieht sämtlichen Rückspiegeln. Gleichzeitig ist Gehrer für die Fahrschülerin nur noch als Stimme da. Sogar ihre Nase verschwindet hinter den Backenknochen. Eine fremde Perspektive: Backen, Kieferknochen, dann Landschaft. Die zusammengebundenen Haare, schwer und glänzend. Dafür heben sich Wirbelknochen als Dünenlandschaft unter den Haaren. Feine Härchen zum Flaum verwirbelt, glasig-dunkles Haarmoos, Flaum wie grauer Morgentau.

Wenn sie lächelt oder nichtlächelt, dann geradeaus, in Fahrtrichtung, so als hocke er als Emblem auf der Kühlerhaube oder als hänge er an einem Straßenschild. Für sie ist die Welt draußen, auf der Straße. Nicht so für Gehrer. Und wenn sie einen Blick in den Außenspiegel wirft, dann zackig, bestimmt, so daß ihr zusammengebundenes Haar noch eine Weile nachschwingt.

Er schaut genau, nie aufdringlich. Ohne Bedürfnis nach Tätigkeit. Manchmal fragt er sich beiläufig, wie sie sich wohl anfühlen würde. Vorne bitte links halten.

Gehrer ist stolz, daß er den Kopf nie verliert.

Manchmal sind für Gehrer seine Fahrschüler so flüchtig wie Rauchfahnen oder auf dem Bürgersteig vorwärts kullernde Bonbonpapierchen.

So geht es schon seit Wochen – zerfließende Zeit.

Am Morgen ist es einfacher. Gehrer dreht den Zündschlüssel und fährt in einen offenen Tag hinein. Am Abend wird der Tag klebrig, zieht Fäden, kommt nicht vom Fleck, auch wenn sein Handzeichen dem Schüler erlaubt, auf dem Autobahnstück die Überholspur zu versuchen. Dann ist es ihm lieber, vor einem Rotlicht zu stehen, zu warten, zu hoffen, es schalte erst im Morgengrauen wieder auf Grün.

Mit jedem Fahrschüler: Am rechten Seeufer vor einem kleinen Park mit Springbrunnen läßt er anhalten. Der Geruch von Seewasser. Die Schwäne. Das Gurgeln unter den Steinen. Was ist wo im Motor? Die Hitze zwischen den Stahlklumpen. Die junge Dame tippt mit dem Zeigefinger auf Zündkerzen, Scheibenwasser, Kabel, Schläuche, sie berührt scheu, als wären es Reptilien. Über dem See findet gerade ein Sonnenuntergang statt. Eine feurige Kugel verfängt sich in den Wäldern. Luft kühlt sich aus. Sie starren in das verdämmernde Rot und starren dann, jeder für sich, noch ein letztes Mal in die Kühlerhaube, wo die Reptilien lauern und brüten. Die Dämmerung verschluckt Hügelzüge. Der metallische Glanz über dem See.

Im Rückspiegel ist die Welt aufregender: Schlaglichter auf eine verwackelte Welt: Hauseingänge, aufblitzende Schaufenster, Reklamen, Straßenschluchten, Passanten mit und ohne Einkaufstaschen, sich verengende Zebrastreifen, aus dem Kontext gerissen. Die Welt als zusammenhangloser Streifen. Oft schließt Gehrer die Augen – zehn Sekunden, zwanzig Sekunden, dreißig Sekunden –, um dann plötzlich in den Rückspiegel zu blicken. Wo befindet er sich jetzt? Ortsbestimmung durch Rückblende. Gehrer ist gut, schätzt meistens richtig. Und weiter geht die Fahrstunde. In der Dunkelheit sind es verzitterte Leuchtspuren. Was klebenbleibt, sind die Autos hinter ihm. Manchmal kleben sie minutenlang.

Letzthin gelesen: Das wichtigste am Job sei die Begeisterung. Ohne Begeisterung keine Leistung, ohne Leistung keine Kunden und ohne Kunden kein Geld. Ähnliches hat er schon in der Karibik gelesen. Wird schon stimmen.

Die Farben nach einem Wolkenbruch: der Abklatsch der Farben auf dem Asphalt in der Leuchtkraft eines noch feuchten Gemäldes. Gehrer fährt gern über dieses Bild hinweg.

Die Stadt ganz anders: Ampeln werden zu Kanonen, die Farben ausspucken. Unter dem Rot macht Gehrer, ohne sich aufzurichten oder die Augen aus der Fahrtrichtung zu klinken, kurze Pausen, die er mit bescheidenen Worten und sachlichem Bericht füllt. Als Kind setzte ihn seine Mutter vor eine große rote Wärmelampe, wenn er erkältet war. Die Infrarotstrahlung sollte den Schleim in seiner Stirnhöhle lösen. So saß er eine Viertelstunde lang. Dann schaltete sich die Lampe von selbst aus. Noch heute wird ihm heiß auf dem Gesicht, wenn er vor einem Rotlicht anhält.

Aber am liebsten ist ihm das Gelb. Rapsfelder in der Normandie. Jeannette und Gehrer auf Hochzeitsreise. Vor vielen Jahren. Durch die heruntergekurbelten Scheiben drang das Gelb in den Wagen, überzog die Sitze, verfing sich in den Haaren. Sie atmeten Gelb, sie träumten Gelb, Gelb auf den Lippen. Sie berührten sich Gelb. Das heimliche Gelb des Wassers, der Tümpel, der Kanäle, der aufklatschenden Tropfen. An Gelb kann man sich gar nicht satt sehen! Als wären die Autos absichtlich so gebaut, daß man den Blick in einem unendlich flachen Winkel gerade noch auf eine Rapsebene werfen kann wie beim Hüpfenlassen von flachen Steinen über Wasser. Dann ist der Horizont ein gelber Streifen, auf dem sich der Himmel dick macht. Steigt man aus dem Auto, um sich zu strecken, die Plätze zu tauschen, eine Straßenkarte auseinanderzufalten, so thront man wie ein Leuchtturm über einer gelben, tosenden Brandung. Der Himmel schmilzt weg, und Gelb kullert einem vor die Füße. Gehrer konnte stundenlang in die Rapsfelder starren, ließ sich tragen von tausend Nuancen des einen Gelbs. Die Felder veränderten sich mit dem Licht, den Wolken, der Luftfeuchtigkeit, den Tagen, die in den Sommer gingen, dem Dunst.

Heute weiß er, wo das reinste Gelb zu finden ist, der Nullmeridian des Gelbs, das genormte Rapsleuchten. Schade, daß es so kurzatmig kommt, und wenn es kommt, so gibt es allerhand zu tun, zu bremsen, zu schalten, auf den Vordermann zu achten. Sobald man endlich aufschauen kann, ist es schon rot. Das Gelb bereits meilenweit im All.

16

Schon nach wenigen Wochen weiß er: ein Verlustgeschäft. Der Aufwand rechnet sich nicht. Das Benzin, die Versicherungen, der Unterhalt. Allein die Umrüstung des Wagens, frühestens nach vier Jahren amortisiert, macht aus jeder Fahrstunde eine Almosenveranstaltung. Seine Zeit nicht mit eingerechnet. Warum tut er, was keinen Sinn macht? Warum hat er die simple Rechnung nicht vorher gemacht? Oder hat er sie gemacht, aber nicht ernst genommen?

Gehrer geht's jetzt ums Prinzip. Er will der Welt beweisen, daß man gegen Windmühlen ankämpfen und gewinnen kann – allein, stoisch, man muß nur wollen, ja, man muß nur wollen.

Jeannette fragt nie nach, wenn wieder eine Reparaturrechnung auf dem Tisch liegt. Sie verzieht nicht das Gesicht. Daß ein Getriebe sich verheddern kann, liegt in der Natur der Sache, und daß ein neues Getriebe ein Vermögen kostet, an der Monopolstruktur des Schweizer Garagistengewerbes. Es liegt nicht an Gehrer, es liegt überhaupt nicht an Gehrer: Man ist diesen Werkstatt-Gaunern hilflos ausgeliefert. Jeannette nimmt den Zettel, stumm, faltet ihn in der Mitte, so daß die schändlichen Beträge gegeneinander zu liegen kommen, zieht mit dem Fingernagel nochmals über den Falz, dann steckt sie ihn in ihr Handtäschchen. Sie sagt nichts und blickt bewußt anderswohin, auf ihre Armbanduhr oder auf die Zeitung, die aufgeschlagen daneben liegt. Gehrer steht abseits und sortiert seine Post. Vielleicht öffnet er eine Flasche Wein und hält ihr ein Glas hin. Vielleicht legt er sogar eine Scheibe Jazz auf. Engelsgeduld auf beiden Seiten.

Jeannette würde es ihm ja so gönnen, wenn er Erfolg hätte.

Manchmal weiß Gehrer selbst nicht, was er in diesen Straßen verloren hat. Gehrer begreift, daß es nur noch eine Frage der Zeit ist, bis er dieser Idiotie den Todesstoß versetzen wird.

Es ist Morgen. Seine erste Fahrstunde nicht vor siebzehn Uhr. Viel Zeit. Insofern ein typischer Tag.

Die tägliche Stadtbesichtigung, damit man aus dem Haus kommt, nicht an die frische, sondern weg von der stickigen Luft, bevor einem der Geist abhanden kommt – oder die Ehe.

Ladenbesitzer knien am Boden, stecken Schlüsselchen um Schlüsselchen in winzige Schlösser, bis einer paßt und endlich die Gitter freigibt, die jetzt quietschend hochgerollt oder zur Seite geschoben werden. Licht in den Schaufenstern. Schaufensterpuppen. Verkäuferinnen zupfen Hemden zurecht oder heben einen Kunststoffarm, der sich durch das eigene Gewicht über Nacht nach unten gedreht hat, so daß jetzt beide Arme wie gelähmt aus einem vorgebeugten Oberkörper hängen und auf die Fußspitzen zeigen – eine Konstruktion, die nur deshalb noch steht, weil die Füße auf einem breiten, tellerförmigen Untersatz festgeschraubt sind.

Asphalt: Man ist immer überrascht, wie rauh er sein kann. Besonders bei schräg einfallendem Sonnenlicht. Genau betrachtet: Keine Kerbe gleicht der anderen. Jede hat ihre eigenen Ecken und Vertiefungen. Kein Computerprogramm hätte die Zufälligkeit auch nur annähernd so vollkommen errechnen können wie das Tiefbauunternehmen, das diesen Boden vor Jahren eingewalzt hatte. Jetzt, bei

Morgenlicht, glänzt der Belag stellenweise, ein feines Glimmern, das die Kerben schwarz erscheinen läßt. Kaugummireste. Asphalt, Schuhe. Schatten, der sich von hinten her nähert und sich exakt in dem Moment unter die Sohle schiebt, in dem sie auf dem Belag abrollt.

Mit der Zeit kann Gehrer die Kaugummireste in junge und alte einteilen. Bald füllt er vier Kategorien: a) frisch, weich, glänzend, unplatt, Gebißspuren oder Zungenabdrücke, b) platt gewalzt und in der ursprünglichen Farbe, Abdrücke von identifizierbaren Objekten (Schuhsohlen, Reifen), c) flach, platt, gräulich, d) grau und hart wie Kalk, eventuell Kratzspuren, sich mit dem Asphalt vermengend. Manchmal buckliges Kopfsteinpflaster mit Teer in den Ritzen. Der Wechsel zwischen Platten, Teer, gepflasterten Basaltklötzchen und Schotter. Dann wieder öliger Asphalt. Gehrer fährt mit seinen Schuhen.

Hin und wieder kommen ihm Zweifel. Was zum Teufel hat der Mensch auf diesem Planeten verloren? Er fragt sich, ob es denn genügt, auf Asphalt zu stehen, Lunge mit Himmelsstücken zu füllen, Blicke zu verschleudern, Gedanken tropfen zu lassen wie Kerzenwachs, Wachs, das am Ende des Lebens bloß zusammengeschabt und noch ein letztes Mal angezündet wird. Nur dieser Asphalt lebt im Morgenlicht. Eingewalzte Farbsplitter. Glitzernd. So hat er den Erdboden noch nie gesehen.

Eine Sonne, die nicht zu Ende kommt mit dem Höhersteigen.

Gehrer schlendert weiter. Seeufer in Zürich. Eine kleine unruhige Wiese ist da. Gras zappelt im Wind. Der Wind, der nicht zu sehen ist zwischen fleischigen Halmen, fährt in Tiere und Menschen hinein und aus ihnen heraus, frißt sich voll mit Kohleatomen, genug für einen schönen Diamanten.

Gehrer setzt sich ins Gras, wickelt mit dem Finger ein Stück Hosenstoff ein. Seine andere Hand vergreift sich an jungen Grasbüscheln. Die Kulisse einer Stadt. Gebirge im Dunst.

Ein Zoo voller nackter Füße.

Kinder sind ohne bunte Bälle nicht vorstellbar.

Zum ersten Mal seit 40 Jahren kann er's aussprechen, ohne zu lügen: Er hat Zeit. Eine Lawine an Zeit! Er besitzt, was nicht zu besitzen ist. Das macht ihn, glaubt er, zum Überlegenen. Er versprüht sie, läßt sie liegen unter seinen Schuhen mit jedem Schritt. Er sondert Zeit ab wie Schnecken ihren Schleim. Er läßt sie zwischen die Gräser fallen, verschwendet sie an die Umwelt, Gehrer, der große Zeit-Wohltäter.

Frauen, denen er nachschaut, nesteln in ihren Haaren, beschleunigen unmerklich den Schritt. Vielleicht gehen sie nicht schneller, nur zackiger, einen bewußten, unnatürlichen Gang – als könnten sie mit dieser Strenge seinen Strom an Zeit ablenken. Aus ihren Hinterköpfen wachsen Augen. Die Schritte enger geführt. Sie federn kaum noch ab. Handtäschchen um die Schultern gehängt, immer so, als hätten sie darin Eier auszubrüten.

Sich sanft durch die Haare fahren, einzelne Haarsträhnen aus dem Gesicht streichen, Haare zusammenbinden, Haare lösen, Haare in der Luft zergehen lassen. Ohne Wind wären sie verloren, die Frauen, denkt Gehrer. Sie brauchen den Vorwand der Luft – den wenigsten gelingen diese Bewegungen souverän, zum Beispiel in einem vollklimatisierten Büro.

Siebzehn Uhr. Endlich Fahrstunde. Gehrer wartet. Er wartet lange. Aber kein Schüler weit und breit.

Dann wartet er noch ein bißchen. Sicht auf die Alpen. Föhn. Firn, weiß wie Zink über massigen dunklen Felsen. Davor hügeliges Voralpenland, wenig Wälder, dafür Äcker. Dörfer und Weiler überall, wie Kuhfladen verstreut, Dörfer, die sich ineinander verkleben, je näher sie der Stadt kommen. Um sich zu beschäftigen, nennt er sie der Reihe nach beim Namen, angefangen vom rechten Zürichseeufer, nennt sie, im Uhrzeigersinn fortschreitend und Entfernung addierend, bis der Dunst den fernen Seespitz auflöst, dann auf der anderen Seite, Distanz vernichtend, auf Zürich zuschreitend. Eine Weile später dasselbe noch einmal im Gegenuhrzeigersinn. Gehrer fährt selten in diese Dörfer hinaus. Überhaupt fährt er selten.

Noch immer kein Schüler.

Der Abend. Endlich gesteht es sich Gehrer ein: So kann es nicht weitergehen. Die Erkenntnis: Er ist nicht zum Fahrlehrerspielen auf dieser Welt – und vermutlich weiß das eine lokale Wirtschaftskrise ganz genau, wenn sie sich ihre Opfer aussucht.

Die Nachfrage nach seiner Dienstleistung bleibt aus. Solcherart passiert, wenn das Leben kein Roman ist, sondern eine sich entschleunigende Abfolge. Ein schöner Marketingchef seiner eigenen Firma!

Wie bricht man einer müden Tätigkeit das Genick?

Gehrer steht am See, steht neben dem Auto, seine Arme wie Schlangen auf das metallisierte Dach geworfen, den Kopf darin verloren. Das Wasser gluckst widerwillig unter den Steinen. Ein fauler Sonnenuntergang. Enten wie angemalte Balsaholzstücke.

17

Der Himmel schon morgens um fünf Uhr schreiend hell. Ein Prachtstag. Gehrer nimmt ihn zum Anlaß für eine Spritztour quer durch den Sommer. Verkehr rieselt. Eine Stadt mit Morgengesicht.

Erinnerungen an tiefgelben Raps zirkulieren gemeinsam mit roten Blutkörperchen durch seinen Kreislauf.

Übermut durch Sonnenschein: zwei rote Ampeln bewußt überfahren.

Schon vor ihren Rändern wird die Stadt zum Bauernhof. Die Sonne steht kräftig im hohen Himmel und läßt ihre Wärme auf Gehrers Händen tänzeln, die wie Lappen über dem Lenkrad hängen. Ährenfelder zu beiden Seiten der Straße zerfließen wie Schokoladetafeln. Ein herrlicher Tag, denkt Gehrer, herrlich genug, um seinen Ellbogen dem frischen Fahrtwind auszusetzen.

Tau blitzt im hohen Sommergras. Der schwarzglänzende Asphalt rollt sich wie ein Teppich über die Landschaft aus. Mist wird auf den Feldern verzettelt. Fettes Laub hängt aus den Bäumen.

Der Wind massiert Himmel in Gehrers Haut.

Gehrer wirft Gedankennetze weit aus und fängt nichts.

Eine Straße liegt in der Landschaft, als hätte Gott sie gleichzeitig mit dieser erschaffen. Eine harte, glitzernde Zunge, lebendiger als ein Flüßlein. Luft wie Kristall. Gletscherfirn: verklebter Zucker zwischen dunklem Gestein. Schwarze Punkte im Himmel verwandeln sich in Vögel.

Ein Wirbelsturm im Wageninnern zerpflückt sein weniges Haar. Kraftstoff wird säuberlich in Umdrehungen und Abgas zertrennt, dabei Distanz hinterlassend wie ein Abfallprodukt.

Die Sonne: nicht der Ort, auf den man mit dem Finger zeigt wie im Winter, sondern als Strahlung, als richtungslose Hitze.

Möglich, daß Zeit vergeht, aber nicht notwendig.

Bäume rücken eilig zusammen.

Immer mehr Landschaft kommt und zergeht im Rückspiegel, zergeht wie ein Bonbon im Mund. Überhaupt kostet Gehrer die Natur lieber durch den Rückspiegel. Dort ist sie eingerahmt und zittert wie ein Film. Es wäre undenkbar, der Natur anders zu begegnen, denkt er jetzt.

Bei hohen Geschwindigkeiten verwandelt sich zusätzlicher Kraftstoff nur noch unterproportional in Vorwärtsbewegung. Heimliche Arbeitsverweigerung der simplen Kolben – eine Art Gleichgültigkeit gegenüber dem Fahrer, der Ziele hat.

Gehrer hat keine Ziele. Sein Fahrtziel lautet Geschwindigkeit an diesem luftigen Vormittag.

Ein roter Zeiger tastet sich an unbekannte Werte heran. Diese motorischen Höchstleistungen treten in Gemeinschaft mit radikaleren akustischen Signalen auf. Die Umgebung hat, das muß Gehrer zugeben, an Tempo gewonnen. Das Bimmeln der Kuhglocken wird vom Motorenlärm rücksichtslos verdrängt.

Die Kurven haben ihre aggressiven Eigenschaften ausgefahren – spielen nicht mehr in Gehrers steuernde Hand.

Gehrer operiert grob außerhalb der Normen für Fahrlehrer.

Bodenhaftung entsteht dadurch, daß sich feinste Reifenpartikel mit feinsten Asphaltpartikeln verzahnen. Bei hohen Geschwindigkeiten geschieht diese Verzahnung auf gut Glück. Der Begriff »gut Glück« zeichnet sich dadurch aus, daß er sein Gegenteil, seinen Ausfall, wie einen schwarzen Geist stets mit sich führt.

Im Rückspiegel schrumpft die Welt immer schneller zusammen. Der Vergleich mit einem aufzulutschenden Bonbon ist in diesem Augenblick unzutreffend. Auch im nächsten.

Fahrtwind in der Qualität von Granit.

Heftig wechselnde Druckverhältnisse zerren an Gehrers Trommelfell.

Wenn ein roter Zeiger, der sonst im langweiligen Umdrehungsbereich vegetiert, plötzlich oben ansteht, bedeutet das, daß das Fahrzeug, das Gehrer dirigiert, das Herstellerlimit erreicht hat und daß der Hersteller für allfällige, sich aus dieser Situation ergebende Komplikationen seine Hände in Unschuld waschen darf und wird.

Kühe am Straßenrand jetzt Kuhstriche – in die Welt hineingepinselt von einer eiligen Hand.

Eine Fräsmaschine unter der Kühlerhaube – ein Ton, hart und schneidend.

Selbst die Wölklein dampfen jetzt in genau entgegengesetzter Fahrtrichtung durch den Himmelskreis.

Wenn das Gaspedal den Boden berührt, ist ein Gleichgewicht der Kräfte erreicht: Der Luftwiderstand besitzt die gleich langen Hörner wie der Antrieb, der aus seinen sechs Zylindern tropft. Das ist reine Mechanik und hätte nicht einmal Newtons Feinde erstaunt.

Weil die eilig anströmende Luft nicht grundsätzlich zwischen Flügelprofilen und Autoprofilen unterscheiden kann, wendet sie die Regeln des Auftriebs auf Gehrers Gefährt an. Gehrer fährt die Würmer,

Schnecken und Frösche nur noch mit halbem Gewicht platt. Die reduzierte Bodenhaftung kann unter Umständen in Kurven zu trickreichen Abenteuern führen. Manchmal führen diese Abenteuer ohne Zwischenhalt ins nächste Leben.

Wenn ein Insekt auf der Windschutzscheibe aufprallt, klingt das wie ein Schuß aus heiterem Himmel.

Was erstaunt: daß das Halbdutzend Zylinder so lange ein so dummes Spiel mitmacht.

Manchmal kommen Wälder. Dann wird es einen Augenblick lang dunkel zu beiden Seiten. Dann wieder Grün ohne Wälder. Selbst wenn er wollte, er könnte die Bäume vor lauter Wald nicht ausmachen – zu schnell ballt sich die Landschaft jenseits der Windschutzscheibe.

Kreuzungen werden bedeutungslos. Es kommt Gehrer nicht in den Sinn, daß das Straßennetz nicht ausschließlich für ihn gebaut worden ist. Überhaupt kommt ihm nicht viel in den Sinn bei diesem Tempo. Die Synapsen seines Hirns sind in den Dienst gestellt, die Fahrspur mit dem nicht immer seiner Intuition entsprechenden Verlauf der Straße in Übereinstimmung zu bringen. Manchmal gelingt es besser, manchmal schlechter, und nicht selten beginnt sich ein Straßenrand – Gräser, Steine, Erde – unter die Reifen zu schieben.

Kein Kind kommt unter die Räder, weil ein Schutzengel Schwerarbeit leistet. In den Augenblicken, in denen Gehrers Wagen durch die Dörfer flammt, spielen die Kinder mit Lego-Klötzen in Wohnstuben. Nur der Schutzengel selbst ist auf der Straße und muß aufpassen, daß er von Gehrer nicht umgefahren wird.

Die beginnende Zersetzung eines Motorenblocks durch sich selbst.

Warnlichter in allen Farben. So bunt kommt nicht einmal ein Flugzeugcockpit daher, staunt Gehrer.

Dröhnen. Häßliches Dröhnen.

Kein Donnern. Es blitzt nur zweimal. Dabei ist der Himmel fast wolkenlos. Sonnenschein aus allen Richtungen. Also muß der Blitz menschlichen Ursprungs sein.

Weit vorne verspricht ein blaues Kreisellicht nichts Gutes. Gehrers Fuß wechselt zur Abwechslung das Pedal. Kein Orgelspieler kann die ganze Zeit auf demselben Ton hockenbleiben. Den gefräßigen Kolben wird die Getränkezufuhr abgeklemmt. Genug ist genug. Langsam erreichen die Tourenzahlen wieder friedliche Größenordnungen. Bremsscheiben kämpfen gegen Ausrollgeschwindigkeit an.

Das Kreisellicht als Fremdkörper in der sonst makellosen Landschaft.

Zwei Polizisten mit Schwenklöffeln wie im Kasperletheater.

Mit großem Geschick steuert Gehrer seinen Wagen an den angezeigten Halteplatz. Schließlich macht er das beruflich: das präzise Einparken. Aus der Kühlerhaube Dampf wie aus einem Atomkraftwerk. Das Knacksen und Klirren, wenn sich Metall zusammenzieht.

Gehrers Hände kleben am Lenkrad. Mehrmalige Befehle aus seinem Hirn können nichts daran ändern. Sie zittern bloß.

Auf Vorschlag des Polizisten darf Gehrer Ausweispapiere vorführen. Er hat sie alle dabei – inklusive einen Fahrlehrerausweis mit blauweißem Kantonswappen im Hochdruck. Die Ausweise wechseln die Hand, wandern zurück an den Ort, wo sie hergekommen sind. Statt im Handschuhfach durchgerüttelt zu werden, ruhen sie bald in behördlicher Obhut.

Besser für alle. Gehrer nickt.

Jeannette hat recht: Das mit dem Fahrlehrer ist nichts für ihn.

18

Weil er keinen Führerschein mehr hat, holt ihn Jeannette von der Polizeiwache ab. Es ist Abend. Jeannette streicht ihm sanft durchs Haar und flüstert: »Mach dir keine Sorgen«, und Gehrer malt sein Gesicht entspannt aus. Tatsächlich macht er sich keine Sorgen. Die einzige, die sich Sorgen macht, ist Jeannette.

Ein Auto wird umgerüstet. Die tumorartigen Rückspiegel werden wegoperiert. Bald klafft nur noch ein Loch unter dem Handschuhfach, dort, wo früher ein Bremspedal für Notfälle herausgewachsen war.

Kein Job, kein Selbstwert, sagt Jeannette nicht, denkt es aber.

Zum Glück hat er sich nie über seinen Job definiert, sagt sich Gehrer jetzt. Damit ist ihm keine Welt zusammengekracht. Die war schon vorher kaputt.

Jeannette tischt ihm Möglichkeit um Möglichkeit auf. Schließlich hält man sich einflußreiche Freunde nicht zum Vergnügen. Er soll wieder einen anständigen Job kriegen, meint sie. Gehrer sitzt am Tisch mit aufgestütztem Kopf und löst Kreuzworträtsel. Er kann sich nicht beklagen. Das sagen selbst seine Freunde. Eine gute Ausbildung, ein vernünftiger Track-Record. Zu alt ist er nicht, objektiv betrachtet, mit 40.

Jeannette vermeidet tunlichst, ihm das Gefühl von Unterlegenheit zu geben. Gehrer versteht: Es geht nicht ums Geld. Es geht nie ums Geld. Er wird bloß unausstehlich ohne Arbeit. Das sagt sie ihm natürlich nicht. Jeannette hat recht: Er müßte sich nur ein bißchen zusammenreißen.

Ein ganzer Freundes- und Bekanntenkreis wird in Bewegung gesetzt. Ein Troß von Gästen macht Aufwartung – als wäre jemand gestorben. So viele Leute in so kurzer Zeit hat er noch nie kennengelernt! Die Namen fallen in einen tiefen Spalt. Es ist der Spalt zwischen Kurzzeit- und Langzeitgedächtnis. Dieser Spalt ist ein Fluch. Der Fluch wird mit zunehmendem Alter unerträglich.

Man spricht nicht von der eigenen Karriere, wenn der andere keine mehr hat...

Kommt der Abend zum Ende, so erleichtert es ihn, wenn die anderen seinen Namen ebenfalls vergessen haben. Leider passiert das immer seltener, denn Gehrer ist mittlerweile so etwas wie eine Berühmtheit geworden in Zürich.

Jeannette überglücklich, denn die Bekannten haben sich bereit erklärt, eigenhändig für Gehrer aktiv zu werden. Sie ist erleichtert und drückt Gehrer einen Kuß auf die Stirn. Er versteht: Der Kuß gilt nicht ihm, sondern der Jobsuche.

Mit der Zeit wird es mühsam. Jeder von Jeannettes Sätzen hat jetzt den Anstrich von Wohltätigkeit, an jedem Wort hängt ein dicker, rotweißer Rettungsring.

Jeannette wird zur aufdringlichen Lebensberaterin, bald lästig wie ein Insekt. Sie blüht geradezu auf in ihrer Sorge um ihn. Vielleicht wäre es am ergiebigsten, ihr Kinder anzudrehen, damit sie ihre erwachte Fürsorge auf ein natürliches Objekt übertrüge, meint er heimlich.

Nein, Bücher hat er genug gelesen. Danke. Karriereliteratur bis zum Erbrechen. Nein, das Job-Center des Rotary-Clubs interessiert ihn nicht. Auch nicht die soeben durch Beziehungen erangelte Bekanntschaft mit der Ehefrau eines Gründers eines losen Netzwerks von Personalchefs.

Jeannette – eine fleißige Sammlerin. Niemand findet mehr Job-Futter als sie. Wäre Jeannette Wirtschaftsministerin, es herrschte Vollbeschäftigung.

Schon nach wenigen Wochen: Die Wucht der kollektiven Gebete zeigt Wirkung. Ein kleines Wirtschaftswunder wird seinetwegen veranstaltet. Also wird Gehrer auf die Piste geschickt.

Jeannettes Hände helfen, den Krawattenknoten noch fester zuzuziehen.

Wie sagt man's höflich mitten in einem Bewerbungsgespräch, daß man keinen Job will, daß dies alles nur ein Mißverständnis ist, ein alberner Ehekonflikt, ausgetragen auf dem Schlachtfeld des Arbeitsmarktes auf Kosten der gesprächswilligen Arbeitgeberschaft?

Gehrer sitzt dem Personalmenschen gegenüber, die Beine eng übereinandergeschlagen, alle paar Minuten die Reihenfolge ändernd, das aufgestützte Bein wird jetzt zum stützenden und umgekehrt, eine unmögliche Sitzposition – kein Tier verbringt so seine Stunden! Die Sitzlehne liegt tief, zu tief. Will sich der Rücken entspannen, stößt das Gesäß nach vorne, also hat das stützende Bein Gegendruck auszuüben, damit Gehrers Figur nicht wie ein Kadaver zusammenfällt. Wie macht man das bloß: Vernünftig auf einem Stuhl zu sitzen, während man oben im Hirn Fragen beantwortet, sein Leben betreffend, und die Antworten in schillernden Farben in den Raum malt? Manchmal fragt er sich, wie er das früher gemacht hat: Locker die Beine übereinanderzuschlagen, ohne viel dabei zu denken oder anderes dabei zu denken, Relevanteres, lauter Dinge, die hier gefragt wären. Diese Doppelarbeit macht ihn müde, und er muß aufpassen, daß er nicht mitten im Satz gähnt oder seine Augen plötzlich zu Erbsen schrumpfen. Also legt er beide Füße auf den Boden, sitzt auf dem Stuhl wie ein Arbeiter, der breitbeinig ein Pausenbrot verzehrt.

Wenn er das Gesprächszimmer verläßt, ist er seltsam erleichtert, froh, daß es überstanden ist, glücklich wie nach einem Zahnarztbesuch, bestärkt im

Wissen, daß es zu keiner weiteren Untersuchung kommen wird.

Plötzlich regnet es Jobs wie Manna vom Himmel – seriöse Positionen mit anständigen Gehältern, mit Verantwortung und Ansehen, er bräuchte nur zu unterschreiben –, aber Gehrer will nicht essen. Mit verbundenen Augen könnte er zugreifen und fände sich an feinpolierten Mahagonischreibtischen wieder, eingefaßt von mehreren Fensterfronten.

Gehrer streikt. Er streikt und weiß nicht, warum. Schmerzlich und unaufhörlich die Erinnerung an seine Narbe, an sein Wundmal – die Verunstaltung eines bis dahin perfekten Lebenslaufs. Und eigentlich will er nur eins: dem Schicksal eine Ohrfeige verpassen. Er läßt sich doch nicht einfach so seine Karriere wegnehmen und eine neue geben! Das Schicksal verläßt ihn, nach 40 Jahren, wie eine Frau, um es mit einem anderen zu treiben, und dann kommt sie wieder, die Frau, und besteht auf Versöhnung. So nicht! Verprügeln würde er sie! Und verprügelt werden soll jetzt das Schicksal. Und würden sie ihn zum Zentralbankpräsidenten oder in den Aufsichtsrat der General Electric wählen, er würde tausendmal nein sagen. Gehrer ist nicht länger bereit, sich durch Umstände vergewaltigen zu lassen.

Dieses Joint-venture mit dem eigenen Schicksal ist ab sofort aufgekündigt.

Nein, mit keiner Faser zieht es Gehrer zurück in den rindsledernen Chefsessel. Gehrer streikt. Er steht am Seeufer und füttert Schwäne. Im stillen Streik erblickt er den letzten Beweis seiner Männlichkeit.

19

Mit der Zeit weiß es die ganze Stadt. In der Kronenhalle bedienen sie nach wie vor. Die Weinkarte landet neben Gehrers Teller. Ebenso die Rechnung. Wenn Jeannette das Geld auf das Silbertellerchen legt: Weshalb scharwenzeln die Kellner jetzt nur noch um Jeannette und lassen Gehrer links liegen? Es ist ja keine Schande, wenn die Dame einmal bezahlt. Gehrer könnte ja Geburtstag haben, einen Marketingpreis feiern – alles ist denkbar. Beim Hinausgehen helfen sie Jeannette in den Mantel und nicken freundlich.

Beim nächsten Mal: Die Weinkarte landet noch immer neben Gehrers Teller. Gehrer hält sich an die jüngeren Jahrgänge, was auch sie zu schätzen weiß. Er darf sogar probieren, schwingt das Glas, hebt es gegen das Licht, prüft den Kontrast, läßt Bouquet verströmen, suckelt am Tropfen, schmiert ihn an die Geschmackszellen, schließt die Augen, schluckt, prüft den Abgang, rutscht in Gedanken dem Tropfen hinterher die Speiseröhre hinunter, möchte am liebsten die Augen nochmals schließen, die aber sind schon zu, also öffnet er sie und bedeutet dem Kellner mit einem kaum wahrnehmbaren, aber gleichfalls überzeugten Nicken seine höchst persönliche Billigung. Was Gehrer nicht gemerkt hat: Auch Jeannette hat unterdessen probiert und den Wein für gut befunden. Es ist ja kein 1985er Château Pétrus, also braucht es kein Theater.

Er nimmt jetzt alles persönlich.

Nach der Panna cotta und dem Espresso: Gehrer zeichnet eine Unterschrift in den Raum – noch immer mit »L«. Die Rechnung kommt, aber sie kommt direkt zu Jeannette. Wieder muß er sich selbst in den Mantel helfen.

Natürlich bedankt sich Gehrer bei Jeannette. Das hat er schon immer getan. Nur kommt der Dank jetzt selbstverständlicher daher, vielleicht auch gleichgültiger. Ein programmiertes Danke. Man muß sich ja nicht jedesmal zu Füßen werfen.

Schließlich hat man nicht wegen der gelungenen Kombination zweier Karrieren geheiratet. Das sagt nicht er, sondern Jeannette.

20

Wenn du willst, kann ich dir helfen, aber du mußt selber wollen, und vor allem mußt du dir helfen lassen wollen.

Wo ein Wille, da ein Weg.

Hand aufs Herz, Schatz, wo liegen deine Stärken – im Marketing, im Nichtstun oder auf der Straße?

Nicht persönlich nehmen. Das Schlimmste ist, wenn du es persönlich nimmst, persönlich, verstehst du?

Wer negativ denkt, hat schon verloren.

Das ist ja reine Selbstsabotage, was du da betreibst!

Schau her, was ich dir mitgebracht habe: eine ganze Schachtel voller Motivations-CDs. Alle für dich!

Und hier, ein Buch, von allen wärmstens empfohlen: »Durchstarten zum Traumjob«. Du mußt mir aber versprechen, daß du die Übungen machst, gell, Schatz.

Ich kann nur soviel sagen: Die Konjunkturprognosen stehen eindeutig auf Sonnenschein. Das sagt sogar der Bundesrat.

Stehaufmännchen. Ich glaub ganz fest daran, daß du ein Stehaufmännchen bist. Tief im Innern bist du eins. Ganz bestimmt.

Vielleicht solltest du dir überlegen, einen Therapeuten aufzusuchen. Sturzenegger von der Kanzlei, sein Cousin kennt einen, einen guten, sagt er.

Mit Alkohol ist es nicht getan.

Oder versuch's mit Beten!

Die unsichtbare Hand des Arbeitsmarktes gehört doch keinem Schlächter!

Komm! Leg deinen Kopf an meine Schulter. So. Und nun packen wir's an. Wir packen's zusammen an.

Man kann sich auch dumm anstellen!

Wer sagt, du seist ein Versager?

Im Klartext: Wir sind zwar verheiratet, aber ich habe nicht vor, dich für den Rest des Lebens durchzufüttern.

Darf ich dir vorstellen: Frau Schumacher. Sie wird mit dir jeden Morgen zwei Stunden lang Motivationstraining machen. Von acht bis zehn. Das wird dir bestimmt guttun.

Das kann doch nicht am Alter liegen. 40 ist doch kein Alter. Das muß an dir liegen, Schatz, an dir allein.

Das Leben könnte so schön sein...

Du denkst zu klein!

Glücklich sein ist eine Entscheidung.

Vielleicht fehlen dir einfach die Idole, ein paar gute Vorbilder: Gandhi, Henry Ford, Jack Welch, die Fugger von Augsburg, weiß der Teufel...

Den inneren Schweinehund überwinden…

Übrigens – in der Kanzlei kursieren schon die ersten Witze.

Mehrere Eisen gleichzeitig im Feuer haben…

Und vor allem nicht verzweifeln. Vertrauen in die eigene Person das Wichtigste überhaupt.

Stellensuche ist ein Vollzeitjob.

Diskontinuitäten im Lebenslauf mehr und mehr erwünscht.

It's not what you know, it's who you know.

Das ist wie bei allem: Man muß sich Ziele setzen, glasklare Ziele, und daraus Meilensteine ableiten. Aus den Meilensteinen folgen Tagesziele, aus den Tageszielen Stundenziele, aus den Stundenzielen Actionsteps, so macht man das, so macht man das Beste aus seinem Leben.

Am Ball bleiben, bei allem, was man tut…

Nie überstürzen!

Die größte Schande: sein Leben zu verpfuschen.

Das Schlimmste: sich als Opfer des Schicksals zu begreifen.

Skill-Deficit-Assessment.

Nicht was man tut, sondern daß man etwas tut ...

Noch mindestens ein Vierteljahrhundert bis zu deiner Pensionierung.

Ich hab nichts von Trottel gesagt! Zu lieb seist du, hab ich gesagt, einfach zu lieb. Wenn man weiterkommen will, muß man die Ellbogen einsetzen. Auch im Leben. Das ist doch das Natürlichste von der Welt.

Und vor allem muß man sich verkaufen können. Marketing. Das verstehst du doch, oder?

Wenn du wieder einen Job hast, dann feiern wir, hörst du, dann machen wir ein Riesenfest!

Nur eine Frage des Willens. Nur eine Frage des Willens.

21

Neben der Frage des Willens gibt es nur noch eine Frage, die ihn in diesen Tagen beschäftigt, nämlich, was das ist, oder was das war: Arbeit.

Aus einem winzigen Fenster knapp über dem Gehsteig strömt der Geruch von frischem Brot. Gehrer kniet nieder, verdreht seinen Hals. Ein hellbeleuchteter Keller. Enges Getäfel in der Farbe von Cognac – außer am Boden, der ist aus Linoleum. Eine Knetmaschine wühlt mit Metallstäben in der weißen Masse. Diese wird immer zäher, ohne daß sich die Maschine verlangsamt. Dann drückt der Bäkker auf Stopp, bohrt zehn Finger in den Teig, hebt ihn aus der Schüssel und schmettert den Klumpen auf den gepuderten Tisch. Mehlwolken. So möchte Gehrer manchmal anpacken, wuchtig, mit allen zehn Fingern. Genau so.

Mädchen in weißen Schürzen beim Feilen von Zehennägeln. Eine Auslage von Instrumenten, die an

Chirurgie erinnert, oder zumindest an den Zahnarzt. Eine fünflöchrige rote Schaumstoffeinlage hält die Zehen in Reih und Glied. Manchmal bläst das Mädchen den Hornhautstaub vom Fuß, während die Kundin Eistee schlürft.

Druckerei. Das regelmäßige Zischen, wenn die frisch bedruckten Bögen ausgeworfen werden. Der Geruch von Papier, der Geruch von Leim. Eine Hand läßt eine Lupe über einem Bogen kreisen. Auf einem anderen Tisch fahren Messer durch Papierstöße. Einer mit einem Clipboard unter dem Arm spricht mit einem, der an der Maschine steht und kein Clipboard bei sich trägt. Ventilatoren führen verbrauchte Luft ab. Lärm.

Postschalter. Das Frankieren und Abstempeln von Kuverts. Das dumpfe Aufschlagen von Hartgummi auf Papier. Auch das hat Gehrer noch nie getan, Post eigenhändig abgestempelt.

Es gibt vieles, was er noch nie getan hat…

Manchmal fährt Gehrer im Tram durch die Stadt, um zu verstehen, was es heißt, beschäftigt zu sein, um mitzuhören, wenn übers Handy Geschäfte abgewickelt werden; nicht, weil er es wieder tun möchte, sondern um zu verstehen, was er sich damals gedacht hat.

Es gibt Wochen, in denen hält sich Gehrer vornehmlich in den Hinterhöfen auf. Dort beobachtet er, wie Lieferanten ihre Lastwagen rückwärts andocken und Paletten ein- oder ausladen. Flinke Gabelstaplerfahrer tanzen Pirouetten. Der auf dem Steuerrad montierte schwarze Drehknopf erlaubt es, die wildesten Kurven mit nur einer Hand zu steuern. Selbst im Rückwärtsgang.

In den Liefereingängen zu den Restaurants werden Schachteln aufgebrochen, wird nachgezählt, ob, was auf dem Lieferschein steht, in den Schachteln steckt.

In einem anderen Fenster beobachtet Gehrer, wie Flüssigkeiten mit Pipetten auf Glasschalen aufgetragen werden.

Ein Schulzimmer. Ein Lehrer. Auch das ist Arbeit.

In einem anderen Fenster: Angestellte, die Plastikschachtel um Plastikschachtel auftürmen, dann nachzählen. Inventur. Keine Ahnung, was in den Schachteln steckt. Gehrer interessiert es nicht. Was ihn interessiert: das Abzählen, der Anteil an der Szene, den man »Arbeit« nennt.

Kellner mit Schweißgeruch. Die bunten Schirmchen auf den Eiskugeln halten den Gestank nicht fern. Im Gegenteil. Wenn der Kellner den Arm ausstreckt, um die Eisbouquets auf den Tisch zu stellen: Schweißflecken unter den Achselhöhlen. Schweiß gehört zur Arbeit.

Ein Schild in einem Treppenhaus ruft nach Arbeit: Bitte läuten und eintreten. Auf einmal sieht Gehrer Arbeit im Überfluß vorhanden. Arbeit an den unerwartetsten Orten.

Einfach so: Gehrer ruft die gebührenfreie Reservierungsnummer einer Fluggesellschaft an und gibt einen komplizierten Auftrag durch – sieben Destinationen in einer ganz bestimmten Abfolge, dazu Hotelreservierungen und Automieten. Das lang anhaltende Klappern von Tastatur im Hintergrund, als würde jemand Sandkörner auf Plastik streuen. Der Klang von Arbeit. Wenn Gehrer genug Arbeit gehört hat, legt er auf.

Je länger Gehrer durch die Straßen irrt, desto klarer die Erkenntnis: Arbeit wird nicht erfunden, sondern erledigt. Sie ist immer schon da und wartet nur noch auf ihre Ausführung. Arbeit, wie ein Skript, wie Musiknoten, die nur noch abgespielt werden müssen. Man arbeitet Arbeit ab.

Manchmal wird es den Arbeitenden erlaubt, besonders erfinderisch zu werden – der Pediküre liegt keine notwendige Reihenfolge zugrunde, jede Zehensequenz ist denkbar: von der kleinen zur großen, von der großen zur kleinen, von der Mittelzehe nach beiden Seiten hin ausschweifend oder umgekehrt. Das Schäumchen darf rot sein oder gelb oder grün. Das ist dann wie Triller über einer Partitur. Dies ändert nichts daran, daß der Auftrag zur Fußpflege, zumindest als Möglichkeit, seit Menschengedenken schon immer bestanden hat – bis sich dieser Auftrag eines Tages ein Mädchen gepackt, ihr einen weißen Kittel umgeworfen und ein paar Feilen in die Hand gedrückt hat.

Wie eine helle Lampe, die Insekten anzieht – so lockt uns die Arbeit an. Wir lassen uns von ihr blenden, denkt Gehrer. Man holt sich das Essen nicht mehr von den Bäumen, sondern erschafft sich die Existenz in einer Art kindlicher Spielerei. Arbeit: geradezu das Vergnügen der Menschen. Ein Marsmensch hätte keine Ahnung, was hier getrieben wird. Spielerei? Kunst? Es bleibt unersichtlich, woher die Energie kommt, die es ermöglicht, zu überleben, und das über Jahre.

Juweliere, die jeden Ring, bevor sie ihn dem Kunden an den Finger stecken, mit einem Baumwolltüchlein polieren...

Arbeit hat keinen tieferen Sinn, als daß sie erledigt wird.

Der Mensch hat ein Sensorium entwickelt für Aufträge, die in der Luft liegen. Und wer diesen Sinn nicht hat, muß sterben wie eine Biene, die den Nektar nicht riecht. Gehrer kann nichts dafür. Vielleicht ist es nur noch eine Frage der Zeit, bis Jeannette ihn verlassen wird. Und falls sie ihn verläßt, dann nicht, weil er faul, sondern arbeitsblind geworden ist. Was tun?

22

Niemand kann es verstehen, daß Gehrer noch immer ohne Job ist – nach all den Offerten, die Jeannettes Freunde in den letzten Monaten angeschleppt haben.

Nicht einmal Jeannette kann es verstehen. Um den entstandenen Reputationsschaden einigermaßen in Grenzen zu halten, entschließt sie sich, Gehrer von ihren Freunden abzuschirmen. Die Gehrers laden niemanden mehr nach Hause ein, und wenn sie eingeladen sind, so geht sie allein hin.

Einmal besteht der Gastgeber darauf, daß sämtliche Ehepartner dabei sind. Gehrer wird saubergemacht und kommt mit: Ein weiter Vorplatz, Ständerlampen, der giftgrüne Rasen, Hände umklammern Weißweingläser oder gestikulieren, ein geistreicher Anwalt mit verschränkten Beinen, Musik im Garten, ein Ferkel am Spieß, das Glühen der Kohlen, ein Zischen, wenn Fett in die Glut tropft, dann Schwaden von würzigem Rauch, Gelächter in Gruppen, Musik, ein Sommerabend wie bestellt, Rauch, der zu den Sternen aufsteigt, das Zirpen von Grillen.

Ein Witz fällt, die Arbeitslosen betreffend, eine Zote, eine wirklich lustige Geschichte, Gehrer muß laut herauslachen, so gelungen ist die Pointe. Warum schweigen plötzlich alle anderen? Selbst der rotgesichtige Geschichtenklopfer stochert jetzt stumm in seinem Teller herum. Gehrer spielt den Leutseligen, schenkt Wein nach und liefert gleich noch einen Arbeitslosenwitz, den auch niemand zum Lachen findet. Also steht Gehrer auf, erhebt sein Glas, trinkt es in einem Zug leer, knallt es auf den Tisch und brüllt: »Auf die Arbeitsfreien!«

Augenblickliche Stille am Tisch. Man tupft sich mit der Serviette die Lippen sauber. Die Gabeln verharren in Stellung. Das Fleisch bleibt halb angeschnitten, die Messer machen Pause, Bohnen hängen von den Gabeln und tropfen aus beträchtlicher Höhe auf die Teller. Die Münder kauen still und in Zeitlupe – lassen die gerade reingeschaufelte Nahrung auf der Zunge zergehen.

Gehrer hingegen lehnt sich zurück mit eingestützten Armen. Wie einer, der soeben einen Baum gefällt hat. Er ist der einzige, der noch ißt, nein, kaut wie ein Tier, er schmatzt. In großen Bissen wird Fleisch zermalmt und heruntergeschluckt – sichtbar für alle, wie das Ferkel Gehrers Speiseröhre auf dem Weg in den Magen weitet.

Jeannette hat recht. Er ist unmöglich geworden. Mit ihrem ganzen Gewicht an seinen Schultern setzt er sich endlich wieder, wischt sich mit dem Ärmel den Speichel vom Mund, faßt die Weinflasche und steuert sie im hohen Bogen auf das leere Glas zu, es gurgelt und schüttet, hält es nochmals hoch, sein Glas: »Auf die Arbeitsfreien! Auf die Arbeitsfreien!«, nimmt einen letzten großen Schluck und fällt zurück in den Stuhl, Kopf vornübergehängt wie eine überreife Birne, und sagt nichts mehr den ganzen Abend lang.

23

Jeannette gibt sich geschlagen. Die Waffe der Liebe platzt wie eine Tischbombe. Alles verpufft in Schall, ein bißchen Rauch und in ein elendes Häuflein Unnütz, das zusammengewischt und entsorgt wird. Die Waffe der Vernunft – die Präzisionswaffe früherer Einsätze – geht durch Gehrer hindurch wie durch einen feuchten Nebel.

Jeannette kann mit gutem Gewissen sagen, sie habe alles versucht – ein seltener Moment im Leben eines Menschen.

Ihre einzige Rettung – ihn zu beschäftigen: »Schatz, könntest du die Geschirrspülmaschine ausräumen? Vielen Dank.« Oder: »Könntest du die leeren Flaschen zur Altglas-Sammelstelle bringen? Danke!«

Danke. Seit neuestem bedankt sie sich vorab. Noch sagt sie nicht: »Ich bedanke mich im voraus für die prompte Erledigung des Auftrages und hoffe auf eine weiterhin gute Zusammenarbeit.« Sie sagt einfach »danke« und unterstreicht damit, was der Wirklichkeit entspricht: Sein Übermaß an Zeit – ein Ozean an Zeit, angesichts dessen er zum Beispiel mit der Pinzette die Schmutzpartikel einzeln aus dem Teppich zupfen könnte.

Gehrer weigert sich öffentlich – das heißt vor Jeannette –, den Hausmann zu spielen. Nur in aller Heimlichkeit legt er Hand an. Nicht für sie, sondern weil er nicht anders kann. Gehrer braucht allmählich wieder ein Objekt für die Ausübung seiner Organisationstalente, die wie Blitze durch seinen Körper zucken. Und was läge näher, als sich am Haushalt, diesem ökonomischen Mikrokosmos, zu vergreifen.

Was dabei zum Vorschein kommt: Eine komplette Zeltausrüstung – zusammensteckbare Stangen, Planen, Heringe, Spannschnüre (kurz und lang – je nach Windstärke), ein ausrollbarer Bastteppich, Luftmatratzen, Schlafsäcke –, einmal gebraucht (seither schwören sie beide auf Hotelzimmer), trotzdem noch da, sogar mit Bedienungsanleitung, aufbewahrt für die eigenen Kinder, die es nicht gibt.

Tonnenweise Liegestühle aus allen Ecken der Welt – Spanien, Griechenland, Tessin. Von überall her bringt man Liegestühle und Sonnenschirme zurück, und man vergißt sie jedesmal einzupacken, wenn man in den Urlaub fährt. Weg damit!

Ein Kriegsvorrat an Zucker, hart wie Backstein. Wie ernährt man sich von Zucker, einen ganzen Krieg lang? Fünf Geflügelscheren in Originalverpackung mit Garantieschein. Gehrer kommt zum Schluß: Als Geburtstags- oder Weihnachtsgeschenke kommen ab sofort nur noch in Frage: Blumen oder Wein – Dinge, die natürlicherweise zerfallen oder wegkonsumiert werden. Das Schlimmste: Geschenke mit Haltbarkeit. Am praktischsten wäre Bargeld.

Im Estrich: eine Antiquitätensammlung von Reisekoffern. Welcher Haushalt braucht vier Weihnachtsbaumständer? In einer Schuhschachtel: Münzen aus aller Herren Länder, die nicht einmal eine Bank zu akzeptieren bereit wäre.

Laptops der letzten drei Chip-Generationen, die man immer an einen armen Studenten hat verschenken wollen, und nie hat man einen armen Studenten gefunden.

Hosen, die nicht mehr passen und darauf warten, daß sie wieder einmal passen. Auch Schuhe, die sich stapeln, bis sie wieder in Mode sind. Beides dauert erfahrungsgemäß länger als ein Menschenleben. Seifen und Shampoofläschchen aus Hotels aus aller Welt, zusammengesammelt und aufbewahrt, obwohl man sich finanziell eine kleine Seifenfabrik hätte leisten können.

Warum der Mensch ein separates Sonntagsgeschirr braucht, bleibt ein Rätsel.

Reihenweise Kochbücher – »Kochen mit Balsamico«; »Die spanische Küche«; »Beliebte Gerichte nach Großmutters Art«; »Gesunde Ernährung«; »Kochen mit Schwung für Gäste«; man sagt von ihnen, sie seien die einzig rentable Literaturgattung.

Lauter Dinge für Anlässe, die nie stattgefunden haben. Mehr Töpfe, die noch nie gebraucht wurden, als andere. Für die Menge, die in diesem Haus bisher gekocht wurde, bräuchte es keine Küche…

Tiefgefrorene Quittenkonfitüre von der Schwiegermutter, falls die sieben mageren Jahre anbrechen – vielleicht sind sie schon angebrochen.

Die Haltbarkeit von Honig übersteigt die eigene.

Ein Krawattenbestand, aus dem manch tüchtige Hausfrau eine schöne Quiltdecke nähen könnte. Ein Bügeleisen, ein Ersatzbügeleisen, ein Ersatz-Ersatzbügeleisen. Später kommt auch ein Reisebügeleisen mit herunterklappbarem Griff zum Vorschein, das noch heute auf seine erste Reise wartet.

Wie viele Wintermützen braucht der Mensch? Lauter unnötige Redundanz im Haushalt! Die alten Skier, für den Fall, daß einmal Extraterrestrische zu Besuch kommen, die Skier benötigen. Auch sie werden vernichtet.

Jeannettes Muscheln – zusammengesucht an den Stränden dieser Welt und seit Jahren in Konfitüregläsern luftdicht verschlossen – erleben ihren letzten Tag.

Endlich verschwinden die hundert Küchengeräte, die sich jede Frau genau einmal in ihrem Leben gewünscht und gebraucht hat – Mixer, Kartoffelschäler, Kornschrotmaschine, Brotbackautomat. Gehrer fährt sie ohne Führerschein zur Heilsarmee. Manchmal fragt er sich, warum er sich nicht gleich selbst zur Heilsarmee fährt ...

Neunzig Prozent der Medikamente in der Hausapotheke sind abgelaufen. Pflaster fehlen. Gehrer rüstet nach. Endlich auch die Gläser im Sideboard in Reih und Glied. Das Regiment an Kleiderbügeln wird zusammengestrichen und vereinheitlicht. Nach über zehn Jahren werden die Messer nachgeschliffen.

Ein bißchen Unordnung läßt Gehrer bewußt stehen. Wenn ihr Body-Lotion-Fläschchen leer ist, stellt er kein volles an die Stelle des leeren, sondern bloß ins Kästchen unter dem Lavabo, wo sie es selbst herausholen muß. Gehrer will ja nicht den Eindruck hinterlassen, er sei ihr Diener.

Die Aschenbecher blank – man könnte darin Oliven servieren.

Die Haselstauden werden geschnitten, so wie sie geschnitten werden müssen – im Herbst und nicht, wenn sie auf die Nerven gehen.

Ein nigelnagelneues Vogelhäuschen, bunt bemalt, wartet auf Bewohner. Wenn Gehrer könnte, würde er die Vögel dazu zwingen, sich zu paaren, selbst im Herbst. Fehlt gerade noch, daß er Gartenzwerge beidseits der Einfahrt hinpflanzt.

Es ist bekannt: Hausarbeit läßt sich dehnen wie Gummi. Und doch, Gehrer erfährt am eigenen Leib, was jedes Mädchen instinktiv weiß: Ein gutgeführter Haushalt gibt viel zu tun. Gehrer substituiert mindestens vier Vollzeithausangestellte, die es nie gebraucht hat.

»Ökonomie« stammt vom griechischen Wort »Haushalt«...

Gehrer ringt seinem Haushalt tausend Sachen ab. Selbst der Erlebnisvorrat in Form von Fotoalben wird entsorgt.

Gehrers Experimente mit einem so teuren und zerbrechlichen Experimentierkasten wie einer Ehe.

Die Frage, was mehr Sinn macht: Wein geordnet nach Farben, Regionen oder Jahrgängen. Gehrer entscheidet sich für Regionen. Doch schon am nächsten Tag sortiert er alles um: Jahrgänge sind praktischer. Also, zuerst Farben, dann Jahrgänge, dann alphabetisch nach Marken. Am dritten Tag steht er lange vor den Gestellen, die Daumen im Gürtel eingehängt, macht ein Hohlkreuz und sagt: Gut!, sagt es nur einmal, dafür mit Befriedigung, als hätte er soeben die Welt erschaffen.

Die Geschirrspülmaschine. Das körnige Pulver mit den hellblauen Duftzusätzen rieselt in die Plastikmulde. Gehrer klappt die Tür zu und wählt eines der zweiundzwanzig Waschprogramme. Grüne Dioden blinken. Ein leises Summen zum Beweis, daß gewaschen wird. So einfach.

Seit Gehrer arbeitslos ist, gehen die Kapseln für die Espressomaschine nie mehr aus. Auch Zahnpasta gibt es immer genug. Gehrer, wie er versucht, sich auf einer niedrigen Mehrwertstufe unabdingbar zu machen. Einen solchen Mann hätte sie sich auch mieten können, denkt er manchmal.

Weil Jeannette nie da ist, besitzt das Organigramm von Gehrers Haushalt nur ein Feld. Es ist das Feld für den CEO oder den Butler, es spielt keine Rolle.

Was vorhanden ist, ist keine Leere, sondern weniger. In diesem Weniger-als-nichts ist er rundum beschäftigt mit Kleinigkeiten: Ihr Auto muß zur Inspektion, der Kühlschrank tropft, tote Fliegen auf dem Teppich müssen aufgelesen werden. Selbst die Post ist nicht aufzuhalten.

Er leidet nicht. Es geht ihm besser als den meisten Arbeitenden. Es stört ihn bloß, daß er nur noch sich selbst hat, der ihn beschäftigt, der gleichzeitig sämtliche Rollen spielen muß – den unfähigen Vorgesetzten, den arroganten Arbeitskollegen, die blöde Kuh aus der Personalabteilung – alles im eigenen Kopf und alles simultan, und klagen muß er's erst noch sich selbst. Das ganze Theater eines normalen Arbeitstages muß er jetzt sich selbst vorspielen – und er ist jedesmal selbst der Angeklagte, wenn der Kühlschrank noch immer tropft oder die toten Fliegen sich nicht von selbst hinaustragen. Die Rollenverteilung in der Arbeitswelt sackt beim arbeitslosen Manager auf einen einzigen Punkt zusammen – ihn selbst.

Fünfmal am Tag hört er die Nachrichten, um festzustellen, daß nichts Außergewöhnliches geschehen ist. Fünfmal am Tag dreht er am Radioempfänger, um zu hören, daß es die Welt noch gibt. Aber nichts, was sein Leben verändern würde! Seit Monaten dreht er vergebens am Empfänger.

Alles ist jetzt leicht. Er pfeift ein Lied, und die Vögel in den Bäumen antworten ihm. Der Wind raschelt in seinem offenen Hemd und erzeugt wie auf Abruf Wohlbefinden. Selbst die Imbißbuden wissen seit neuestem genau, was ihm schmeckt.

Arbeitslosigkeit: Menschsein im natürlichen Zustand. Fressen, schlafen – wie die wilden Tiere!

Viele sagen: Wichtiger als alles andere sei die innere Verfassung. Gehrer glaubt es jetzt auch.

Tragisch wäre bloß der Verlust von Jeannette, denkt er. Es wäre übertrieben, ihre Ehe auf ein ökonomisches Verhältnis zu reduzieren; auch das denkt er.

Manchmal nimmt er den batteriebetriebenen Handstaubsauger mit der überraschend großen Saugleistung und schiebt ihn die Ecken und Kanten der Wohnung entlang, steuert ihn über Fußleisten, Steckdosen und Kabelleger, weil sich dort erfahrungsgemäß am meisten Staub ansammelt.

Täglich wird der Abfall zusammengebunden und in den Container hinter dem Haus geworfen.

Einmal fällt eine Glühbirne aus und muß ersetzt werden.

Jeannette hat ein Heinzelmännchen geheiratet.

24

Zum Glück ist es ihm gerade noch in den Sinn gekommen: Gehrer erinnert sich, daß heute Jeannettes Geburtstag ist. Ebenfalls 40. Seit er keine Sekretärin mehr hat, die sich solche Daten für ihn merkt, sind sie wie ausgelöscht. Schon den Hochzeitstag vor wenigen Wochen hatte er verpaßt, und er weiß, wenn er diesen 40. Geburtstag vergißt, ist die Hölle los.

Gehrer besorgt Blumen. So ist es mit den Blumen: ihre Anwesenheit ein garantierter Treffer; ihre Abwesenheit eine garantierte Niederlage.

Weil Herbst ist und damit Wildsaison, entscheidet sich Gehrer für einen Rehrücken, den er, vorgekocht, von einem Nobelrestaurant zu einem sündhaften Preis, dafür mit allen Zutaten – Wildrahmsauce, Preiselbeeren, Edelpilze, Rosenkohl, gedämpfte Birnen, Maronen, Spätzli – nach Hause karrt. Sobald er alles in der Küche stehen hat, erfüllt es ihn mit Stolz, daß er diesen Geburtstag nicht vergessen hat. In der Küche ist alles ausgebreitet, mikrowellenfertig, die Zutaten in auffaltbaren Alugeschirrchen, bereit für den Zeitpunkt, zu dem Jeannette eintreffen wird.

Für einen Moment erschrickt er, weil er meint, er hätte zuviel Geschirr weggeworfen. Aber Gehrer findet genug Teller – zwei –, die ein Abendessen in Anstand ermöglichen. Sogar Kerzen findet er noch im Haushalt.

Gehrer wird diesen Rehrückenschmaus als Überraschung verkaufen können, gerade weil er am Morgen nichts hat durchblicken lassen: kein Happy Birthday, kein Frühstück ans Bett, nicht einmal ein Kuß. Gerade darum wird es aussehen, als hätte er eine Woche lang in aller Heimlichkeit an diesem Geburtstagsessen gebastelt.

Aber das ist nur das eine. Das andere sind kleine Geschenke, die er sich im nächsten Warenhaus besorgt – eine Gesichtscreme, ein Parfüm, Tennissocken. Es sind die Kleinigkeiten – es sind immer die Kleinigkeiten! Die Anzahl der Geschenke ist dabei viel wichtiger als deren Gesamtwert. Das ist das Gegenteil von Synergie. Eins plus eins ist weniger als zwei. Deshalb getrennt schenken, einzeln verpackt in unterschiedlichem Papier. Wenn möglich, immer trennen, zerstückeln, atomisieren. Je staubförmiger, desto besser. Am besten einer Frau Geschenke wie Rauch ins Gesicht blasen! Der Aufwand zählt, nicht das Ergebnis. Also das Gegenteil von Effizienz und damit das Gegenteil von Logik. Jeder Mann hat das Ziel, den Aufwand in den Augen einer Frau zu erhöhen. Resultate interessieren keine Frau. Was zählt, ist das Leiden, der Effort, der Input, der Schmerz, die Zeitverschwendung. Und genau diesen Eindruck versucht Gehrer an diesem Tag nachzuholen.

Tatsächlich, alles steht bereit, und es ist erst vier Uhr nachmittags. Jeannette noch immer in der Kanzlei. Zeit.

Gehrer, wie er den Rechen über den Kiesplatz zieht, ein zartes Muster hinterlassend, parallele Fäden in Fließbewegung, manchmal wie Sand auf Meeresgrund. Das Knirschen, wenn er geht, Schritt für Schritt. Das Rasseln, wenn die Haken des Rechens durch die feinen Steine ziehen. Jahrelang hatten sie diesen Kiesplatz vernachlässigt – ein Platz, der das ganze Haus umschließt, vom Parkplatz unter den Kastanien im Uhrzeigersinn zum gußeisernen Einfahrtstor mit dem angeschweißten Briefkasten nach vorne als Pärklein mit Seesicht unter dem Balkon, weiter nach rechts durch Gestrüpp, wo die Biomulde wartet, bis zum Haupteingang mit den sandsteinernen Treppenstufen. Vor drei Jahren hatten sie dieses Patrizierhaus gekauft – ihr gemeinsamer Ekel vor einer Existenz in den Vororten mit rotgelbgrünen Robin-Hood-Spielplätzen; ein bewußter Entschluß, städtisch zu leben, mit all den Unannehmlichkeiten, die eine Stadt zu bieten hat, vornehmlich der unanständigen Steuerbelastung. Den Hypothekarzins nahm man aufgrund beider Gehälter bewußt in Kauf. Ein Bürgerhaus aus dem neunzehnten Jahrhundert inmitten eines Teichs aus Kies, den Gehrer jetzt stumm umkreist, eine unregelmäßige Spirale im glasigen Schotter hinterlassend. An einzelnen Stellen ist der Platz abgetrampelt, ermattet, zeigt Lehm. An anderen Stellen liegt er dick und mehrschichtig. Gehrer zeichnet feine Kreise ums Haus. Laub vom letzten Herbst im Splitt, das er in regelmäßigen Abständen aus dem Rechen fingert.

Die Blumenkästen in Reih und Glied beidseits der Treppenstufen. Das Einfahrtstor weit geöffnet. Das Haus, bereit, wie für einen Staatsempfang. Jeden Moment wird sie anbrausen und das Flußlinienmuster mit vier Pirelli-Reifen zersägen.

Dämmerung. Jeannette kommt nicht. Jeannette kommt in jedem Augenblick nicht.

Weit oben, noch von den letzten Sonnenstrahlen beschienen, die stille Linie eines Verkehrsflugzeugs, der rosa aufpustende Düsenstrich, Vergangenheit absondernd. Mit einer Verspätung das dumpfe Donnern, als wären Himmelsschichten in Bewegung geraten, die plötzlich aufeinanderfallen. Dort oben fliegt Gehrer, vor einem Jahr, im noch hellen Himmel, ein Marketingdirektor auf der Flucht vor nichts, Meetings mit Kondenslinien verbindend, Marketingbotschaften multinational verwebend. Gehrer im hohen Unterschallbereich, überall Donner hinterlassend. Gehrer an der Spitze einer frohen Botschaft für Konsumenten, die weit unten auf Erden ihren geringen Tätigkeiten nachgehen – vielleicht Kies rechend –, er sitzt in einem breiten Business-Class-Sitz, seine Gelenke über das Dutzend Tasten der Sitzsteuerung fein in Stellung gefahren, und bricht das globale Marketingbudget wie eine Hostie entzwei, bricht sie nochmals und nochmals in immer kleinere Stücke, läßt Gelder regnen über die vierundachtzig Länder, in denen die SolutionsUniverse tätig ist. Ab und zu der Blick aus dem Fenster auf eine Erdkruste – die Vernarbungen der tausend Ölbohrstellen über Texas, das erdige Rot der Serengeti, die weißen Ketten des Himalaja. In der Nacht Lichter, versprengt und gehäuft, dann wieder nichts. Die Vermutung, daß, wo es schwarz ist, Wasser liegt.

Die Dunkelheit schluckt jetzt die Kreise ums Haus. Sie schluckt alles – die Blumenkästen, die frisch gewaschenen Jalousien, den Trockenstrauß über dem Eingang. Gehrer steht mit gekreuzten Beinen an den Stamm einer Kastanie gelehnt, den Stumpf des Rechensstiels in beiden Fäusten. Jeannette kommt nicht.

Dafür kriecht ein Mond über den Horizont. Gehrer geht auf und ab, macht Licht in allen Zimmern. Sichtbar soll es sein, das Haus, sichtbar von weitem, ein Leuchtturm!

Auch dies zieht keine Jeannette an.

Das gibt's ja nicht, daß sie an ihrem 40. Geburtstag nicht nach Hause kommt! Nichts von einer Auslandreise hat sie angekündigt, auch nichts von einer Nachtschicht in der Kanzlei.

Erstmals der Gedanke an einen Liebhaber – ein widersinniger Einfall, lächerlich, eine Flause ohne den geringsten Anlaß, ein Verdacht, aus dem Nichts gezupft, trotzdem ein Gedanke. Jawohl, ein Liebhaber, ein Anwalt, womöglich ein Partner, womöglich Ladner, der Zürcher Staranwalt höchstpersönlich, die Nummer eins der Kanzlei, Mr. Success, Ladner, der brillante Scharfdenker, der die anderen stets reden läßt, sich das Geschwafel anhört, geduldig, wohlwollend, wissend, daß die Sterblichen Zeit benötigen, bis es im Kopf Klick macht, und der dann mit einem Minimum an Argumentation, nachdem alle ihren halbgaren Mist losgeworden sind, jedermann auf seine Seite zieht. Gehrer kann es kaum glauben, daß er einen solchen Blödsinn denkt – ein Liebhaber! –, das ist ihm bis jetzt noch nie passiert, aber er reißt nicht ab, dieser Gedanke, im Gegenteil, er ballt sich zu einer Lawine zusammen. Immer wieder Ladner. Ladner, wie er Jeannette verführt. Ladner, er sieht ihn vor sich, wie er seine Lesebrille aus dem Gesicht nimmt, egal wie unbedeutend oder kurz seine Mitteilung, selbst wenn sie einsilbig wäre, die Mitteilung, er hält die Brille in der Hand, in der linken, um die rechte frei zu haben für einen Handschlag, eine Unterschrift, einen Deal. Und wenn ihn jemand anspricht, so macht er ein offenes Gesicht, ganz so, als ob seine Augen mithören könnten. Wenig Haar, wie Gehrer, nur scheint dies bei ihm nicht ins Gewicht zu fallen, im Gegenteil, es unterstreicht, von weit her sichtbar, daß er ein Mann des Geistes ist. Dazu ein vortrefflicher Geschichtenerzähler. Und ein Lachen hat dieser Mensch, was für ein ansteckendes, weltumarmendes Lachen! Kurz: Ein Mann mit Humor, geistreich, ein Bonvivant, großzügig bis zur Selbstaufgabe, dabei immer ganz Gentleman, ein Mann, der sein initialisiertes Pochette hergäbe für die Tränen einer Frau oder sei's nur, um die Brosamen von ihrem Rock zu wischen.

Gehrer steht unter den Kastanien und scharrt mit dem Fuß im Kies. Es ist Nacht geworden. Der Kies nur noch als Widerstand vorhanden, als grauplige Masse, als dumpfes Klirren. Gehrer ruft nicht an, nein, er wird sie nicht warnen. Ertappen wird er sie!

Dann fährt er los, die Tür des Hauses weit offen, Licht flutet auf den Kiesplatz, strahlt in die Büsche, in die Kastanien, Gehrer fährt, nein, er rast, die Fenster heruntergekurbelt, der Wind zerrt an seinem Hemd, nicht anders als im Hochsommer, er jagt ohne Führerschein und ohne Plan die kurvige Straße hinunter zum Seeufer, dort fügt er sich ein in den Verkehr, der ihn weiterstößt Richtung Stadtmitte, links und rechts Verkehr, Autos, in denen

Verliebte sitzen, junge Menschen auf Mofas zu Hunderten, sich umklammernd. Lichtsignale und Häuserzeilen aus der Gegenrichtung. In immer gehetzteren Schüben befiehlt Gehrer seinem Motor, Distanz zu vernichten.

Dann, endlich: Gehrer ist angelangt. Ein vierstöckiger Bau, anonym, Gußbeton mit ausladenden Fertigelement-Balkonen. »Ladner & Partner«, in dezentem Neon. Licht in der vierten Etage. Gehrer fährt an den Randstein. Dort läßt er seinen Wagen stehen, steigt aus, blockiert damit die Tramlinie Nummer 6, rennt über die Straße, die Treppe hoch, der Eingang ist verriegelt, er rennt ums Gebäude herum, klettert von hinten über die Büsche in den ersten Balkon, hangelt sich von dort aus die Dachrinne entlang Stockwerk um Stockwerk weiter, bis hinauf in die vierte Etage, bis er vor dem erleuchteten Zimmer steht, schnaufend.

Was er nicht sieht, weil es nicht stattfindet: Zwei Körper, Kleiderfetzen wie Herbstblätter im Konferenzraum verstreut, ineinander verschlungen wie Reptilien auf der weinrotdunklen Mahagoniplatte, ihr Haar weit offen, der Glanz von Schweiß auf ihrem Rücken, auf Schenkeln, Münder…

Die kalte Nacht. Dreifachverglasung. Dahinter ein heller Konferenzraum. Gehrer schnauft, als gäbe es bald keine Atmosphäre mehr. Gehrer schlägt die Fensterscheibe nicht ein. Gehrers Puls, sein offenes Hemd, einen Zweig von Gebüsch im Kragen, das Braun von Rinde an den Händen, er schnauft, fährt sich mit zerkratzten Fingern durchs Haar, schließt die Augen, öffnet sie, öffnet sie noch einmal, als müßte er die Netzhaut extra einschalten. Und dann, was er wirklich sieht: Drei Personen im Businesslook, kerzengerade in den Stühlen, konzentriert wie vor einer Verhaftung, eine davon Jeannette im Zweiteiler, ihr Kopf von hinten, das Haar fest zusammengebunden; ihr gegenüber die Gesichter von Ladner und Sturzenegger – den Nummern eins und zwei der Kanzlei.

Gehrer, noch immer benommen von der Nicht-Szene.

Unten schellt ein Tram.

Zwei blütenweiße Pochetten. Ein Raum wie bei Gehrers Entlassung. Aber nicht Gehrer ist es, der den Herren gegenübersitzt, sondern Jeannette. Und Gehrer fragt sich augenblicklich: der Hinterkopf einer Arbeitslosen?

Das ins Gräuliche weisende Beige der hiesigen Anwaltsbüros. Die Farbwahl so, daß sich alles auflöst. Die Unkenntlichmachung von Umgebung. Der Teppich soll sich niemals von den Möbeln abheben, und diese sich auch nicht von den Anwälten. Selbst die Telefonapparate im selben warmen, unpersönlichen Grau. Alles verschwindet in einer beigen Säure. Alles mit Halogenlicht übertüncht. Kein dunkler Mahagoni, sondern ein Kunstharztisch, auch er im Cremeton, Plastik imitierend. Kein Protz, niemals, obwohl man sich Schlösser leisten könnte.

Papiere türmen sich auf wie Felsen oder Schneehügel, Geschäfte in gefrorener Form, Firmenkäufe oder -verkäufe, filetiert in tausend Schichten, wärmendes Brennholz für die einen, tödliche Verbrennung für die anderen. Papier, weiß und unschuldig. Papier, das Teile des Arbeitsmarktes in Begünstigte und Opfer trennt.

Drinnen, wo die Wirtschaft kocht, wo sie gärt, zwingen ernste Verträge ernste Gesichter auf. Papierstöße werden auseinandergerissen, Paragraphen mit Fingern und Kugelschreibern aufgeschürft, dann wieder zusammengelegt. Die Anwaltskanzlei Ladner & Partner – dieser Dampfkochtopf für Megadeals! Jeannette gestikuliert sachlich, wie immer, das sieht Gehrer durch die Scheiben hindurch, und die beiden Herren gestikulieren ebenso sachlich zurück. Aber dann, plötzlich, punkt zwanzig Uhr, werden die Papiere zur Seite geschafft. Eine breite Schreibtischplatte öffnet sich zwischen den drei Anwesenden. Die Stimmung wechselt, wird weicher, wird ausgelassen. Die Herren beginnen, ihre Krawatten zu lockern. Gehrer beobachtet, wie Jeannettes Finger über ihr Haar streichen. Dann Gelächter – das kann keine Entlassung sein –, dann Händeschütteln über den Tisch hinweg, nein, die Herren erheben sich aus ihren Stühlen und schreiten, Sturzenegger hinter Ladner, um den Tisch herum zu Jeannette, die sich mittlerweile auch erhoben hat. Küßchen links, Küßchen rechts, noch einmal Händeschütteln, und zwar so, wie man einem verschollen geglaubten Freund die Hand schütteln würde: zugreifende Hände, das andere Bündel packend. Das kann keine Entlassung sein!

Ladner drückt auf die Gegensprechanlage. Wenig später erscheinen Personen in schwarzen Westen und weißen Hemden, Angestellte eines Catering-Service, Gehrer sieht es genau. Ein Kuchen auf dem Silbertablett, darauf steht: »Willkommen im Kreis der Partner. Ladner & Partner.«

Dann Champagner, Don Perignon, vom teuersten. Ein Korken springt zur Decke. Alles lautlos. Der gemütliche Teil des Abends hinter dicken Scheiben. Gelächter, aber für Gehrer gibt es nur den Straßenlärm. Das Heulen, Dröhnen, Schnarren von Motoren, wie sie die Anhöhe nehmen. Immer wieder schellt das Tram. Weit oben der schmutzige Mond.

Drinnen spielt sich das Gegenteil von dem ab, was Gehrer vor über einem halben Jahr erfahren hat. Alles wie Erinnerung, ohne Ton, fern, blutlos, unwirklich.

Man prostet sich schon zum dritten Mal zu!

Während drinnen Zeit vergeht, wird draußen die Nacht bloß frostiger. Gehrer im Sommerhemd, das der Kälte nichts entgegensetzt. Auf der anderen Straßenseite das zuckende Flimmern von Abendunterhaltung aus allen Stockwerken. Ab und zu das Knattern, wenn Rolläden heruntergelassen werden – ein kurzes Schallen zwischen den Häuserzeilen, dann wieder Verkehr.

Unmöglich, daß er von drinnen gesehen wird. In einem lichtdurchfluteten Zimmer ist die Nacht jenseits der Scheiben immer schwarz.

Wie oft muß man sich auf die Schultern klopfen, bis man's glaubt?

Gehrer drückt seine Hände auf das Glas. Glas, das sich überall gleich anfühlt, egal, ob die Hände rutschen oder nicht, so glatt ist die Oberfläche, feiner als die feinste Damenhaut, ein Wunder der Technik, kalt, glatt, schwer wie Granit, zerbrechlich nur im Wissen.

Jetzt deckt er mit den Fingerkuppen sämtliche Köpfe ab – Ladner, Sturzenegger, Jeannette. Dann bewegen sie sich wieder, die Köpfe, und seine Finger liegen auf der Torte oder auf dem Teppich.

Also die Partnerschaft. Höher geht es nicht. Ihr Name – sein Name! – ab sofort auf dem Briefkopf der Kanzlei, und Gehrer weiß nicht, was er in diesem Moment empfinden soll. Jeder fällt ihr hinter der Verglasung um den Hals.

Gehrer steht draußen und schlottert. Er tritt von einem Bein aufs andere, bläst sich verlegen in die gefalteten Hände. Wie weiter?

Er nimmt sein Handy und wählt. Es läutet. Drinnen greifen mehrere Arme gleichzeitig in Aktentaschen.

Es stellt sich heraus: Jeannettes Handy. Jeannette setzt den Champagner auf dem Tisch ab, wischt sich mit der Serviette das Klebrige der Torte von den Fingern.

»Gehrer.«
»Hier auch.«
»Kannst du mich später anrufen, ich bin gerade in einer Besprechung.«
»Gratuliere zum Geburtstag.«
»Danke. Das ist lieb von dir. Wie gesagt, ruf mich später an, oder ich ruf dich an, wenn ich durch bin. Okay?«
Das Besetztzeichen.

Der röchelnde Verkehr hinter seinem Rücken. Pantomimenspiel hinter Panzerglas. Kein Schellen mehr von unten. Der Tramfahrer muß eingesehen haben, daß sich durch Betätigung der Glocke die Schienen nicht um Gehrers Auto herumkrümmen.

Zehn Minuten später versucht er's nochmals. Gehrer beobachtet, wie Jeannette das Handy ausschaltet.

Daß sie gerade jetzt in das Schwarz der Nacht hinausschaut, kann Zufall sein, auf jeden Fall schaut sie länger als gewöhnlich, sicherlich abwesend, während ringsherum gefeiert wird. Sie hält das Handy wie eine leer geschossene Pistole in der Hand.

Was will er eigentlich noch? Hat er ihr nicht soeben alles gesagt, was es zu sagen gibt?

Die abhörsicheren Scheiben. Bissige Kälte. Wie lang muß eine Feier dauern, bis sie ihren Zweck erfüllt hat?

Halogenlicht, das sich an den Tischen, Stühlen, am Spannteppich braun und warm färbt und wie eine Sauce von innen her über das Fenster schlingert. Stünde man drinnen, man könnte mit dem Finger die süße, warme Sauce abstreifen, ablecken. Business-Sauna. Immer wieder versucht Gehrer, seine Hände am Glas zu wärmen, er tastet nach Stellen, preßt die Handflächen einige Sekunden lang ans Glas und tastet weiter. Er tastet von oben nach unten, von rechts nach links, tastet von der Mitte aus in Kreisen nach außen und von den Fensterrahmen her in Spiralen nach innen. Manchmal glaubt er wirklich, einen wärmenden Fleck gefunden zu haben. Dort läßt er seine Finger verweilen, läßt manchmal gar seine Stirn über die Stelle rollen, hin und her, oder seine Schultern, ja, er versucht sich anzuschmiegen, sich ganz ins Glas hineinzudrükken, bis er annehmen muß, daß dies keine Wärme sein kann, sondern nur Einbildung. Er steht da, Kopf, Hände, den ganzen Oberkörper an die Scheibe gepreßt, Erinnerung aufsaugend oder Zukunft, er weiß es nicht, er weiß nicht, was er hier tut, auf dem Balkon einer Anwaltskanzlei. Am liebsten wäre er jetzt drinnen, am liebsten wäre er Ladner oder irgendein Staranwalt oder eine Nummer zwei oder drei oder ein Topmanager, ein Klient in wichtigen Geschäften, ein Assistent irgendeiner Geschäftsleitung, ein Service-Angestellter, ein Butler, eine Fliege an der Wand, es spielt keine Rolle. Langsam zerfließt alles – Jeannette, die Anwälte, der Tisch, die Papierstapel, die Torte, die ganze schöne Arbeitsszene verrutscht, verdreht, wird weich. Schmilzt wie Schokolade. Gehrer weiß, daß es nicht sein kann; daß Büros der Realität entsprechen und Realität Granit. Trotzdem fließt es. Es quillt dickflüssig wie Jauche über den Spannteppich, beschlägt die Wände, kriecht die Scheiben hoch. Gehrer versucht, diese Bernsteinsuppe mit seinen Fingern und Händen aufzustauen, seine Unterarme spielen Scheibenwischer, fahren hin und her, quietschen auf dunklem Glas, Gehrer reibt sich fieberhaft die Augen, um zu prüfen, ob es vielleicht an ihm liegt, aber es liegt nicht an ihm, das sieht er selbst, es ist diese verdammte, warme, schwangere Wirtschaftsbrühe. Ersticken wird die Welt noch daran! Er trommelt an die Scheiben, reißt sich einen Schuh vom Fuß und schlägt, schlägt mit beiden Schuhen. Kein Glas zerspringt. Alles ersäuft. Alles zerflossen – goldbraun, braungrau, grauschwarz, schwarz. Nichts ist mehr da – das Glas, die Straße, der Verkehr, die Lichter der Stadt, der Balkon, seine Füße. Alles ist weg. Ausgeknipst. Nicht einmal mehr der Mond ist da.

Plötzlich Licht. Gehrer weiß nicht, wo er sich befindet. Ein Bursche mit Taschenlampe, größer als ein Schlagstock, sichtlich nervös wegen der unerwarteten Begegnung auf dem Balkon der Kanzlei, steht mit weit abgewinkeltem Schuhwerk neben ihm. Gehrers Oberarm in der Hand des Wächters. Die Finger des Wächters zittern und bohren sich durch Gehrers Hemd, durch seine Muskeln. Das synthetische Baseballmützchen mit dem Securitas-Logo, als wäre es auf den Kopf geschweißt. Geruch von Kaugummi, der Gehrer verwirrt. Für einen Moment stellt er sich vor, diesen Burschen vom Balkon zu stoßen oder ihm zumindest ins Gesicht zu schlagen. Erst jetzt fällt Gehrer auf, daß seine Hände in Handschellen stecken. Was ihm auch auffällt: Die Balkontür steht weit offen. Das Licht, der Tisch, die Stühle, der Spannteppich, die Papierstapel, alles wieder da. Auch Jeannette, Ladner und Sturzenegger sind da, die Arme eng verschränkt, sie stehen um ihn herum, ungläubig wie vor einer Marienerscheinung. Jeannette rauft sich durchs Haar, dann schaut sie wieder in die Nacht hinaus. Der Verkehr weit unten. Ein Mond. Jeannette leichenblaß. Ladner legt ihr seine Jacke um. Jeannette mit Pochette. Gehrer lacht. Er lacht so laut, als wäre er zu zweit gekommen.

»Kommen Sie mit!« befiehlt ihm der Wächter in Mundart, die jeden Befehl zwangsläufig als Frage erklingen läßt. Darum nochmals: »Los, kommen Sie mit, ich muß Sie nach unten bringen.« Dabei bewegt sich das enganliegende Baseballkäppchen heftig im Takt der Kaubewegungen, ein Takt, der andeutet, daß der Bursche so schnell wie möglich mit diesem Zwischenfall zu Ende kommen will. Weil Jeannette das Gebäude nicht besitzt und der erschrockene Bursche ausführt, was er im dreiwöchigen Intensivtraining »Überwachen und Beschützen« gelernt hat, wird Gehrer tatsächlich der Polizei übergeben. Die steht unten mit Blaulicht. Einer der Beamten öffnet dem Paar Gehrer die Tür zum Polizeiwagen, aufmerksam wie ein Privatchauffeur, und hilft beim Einsteigen.

Als die Türen zu sind, beobachtet Gehrer, wie sein Wagen auf der anderen Straßenseite abgeschleppt wird und sich ein Tram mit einer unmöglichen Verspätung gerade wieder in Bewegung setzt.

Hätte Gehrer noch einen Führerschein, er würde ihm in diesem Moment entzogen.

Jeannette gelingt es nach einigen Minuten endlich, die Polizei vom Blaulicht abzubringen. Der Rücksitz ist hart, aber nicht unbequem und erinnert an Taxifahrten quer durch Manhattan im Regen oder in der Nacht, wenn sich die Straßenlampen zu Leuchtspuren dehnen und die Leuchtplakate sich ausgewalzt über die Autoscheiben legen. Gehrer schließt die Augen, zählt auf zehn, zwanzig, dreißig – das alte Spiel – und reißt sie wieder auf. Er kennt diese Stadt, er kennt dieses Land, diese Welt! Sie fahren vorbei an einem Glasturm, der den Namen SolutionsUniverse rot in die Nacht hinauswirft – er steht noch immer, dieser Glasturm, kein Erdbeben hat ihn abgeknickt, keine Rezession aus den Fugen gehoben –, sie fahren weiter, Häuserzeilen entlang, in denen es aus winzigen Lücken flimmert, kleine, blaue Flämmchen, als stünden die Wohnblocks unter Gas. Jeannette sitzt neben ihm, Ladners Jacke noch immer über ihren Schultern.

Sie ist da und nicht da. Was sagen? Sie bohrt mit ihrem Blick Löcher in den Hinterkopf des fahrenden Polizisten. Jeannette will, wie es ihre Art ist, nicht rückwärts schauen, sondern nur vorwärts. Aber Gehrer sieht sich um wie auf einer Achterbahn, schaut nach links, nach rechts, dreht sich um, als die beleuchtete Spitze des Fraumünsters weit oben in der Nacht wie ein Komet vorbeizieht.

Im Verhörzimmer der Polizeistation: Neonlicht. Ein kleiner Tisch in der Mitte. Das Fenster vergittert. Das rosa Licht einer Straßenlaterne, das, durch das Gitter zerschnitten, in Kuchenstücken ins Verhörzimmer fällt. Gehrer ist froh, daß geheizt wird. Jeannette und er sitzen einem Polizeibeamten gegenüber, der damit beschäftigt ist, sich ins System einzuloggen. Zwischen ihnen türmt sich ein Bildschirm auf und raubt ihnen den Augenkontakt. »Ich bin gleich soweit«, sagt der Polizist, mal links um den Bildschirm herum zu Gehrer, mal rechts herum zu Jeannette. Der Griff in die Tastatur, hart, als würde der Mann in Uniform kleine Bomben damit auslösen.

Der Polizist, wie er mit der Maus Kreise dreht und das Software-Menu des PoliceReporters der willigen Zuhörerschaft vermittelt: »File, New, Open,

Save, Save As, Incident, New Incident...« Dabei schiebt er seine Zungenspitze abwechselnd von einem Mundwinkel in den anderen. Nach ein paar Minuten sagt er: »So, dann können wir ja beginnen.« Dabei guckt er wieder an der Kiste vorbei, zuerst rechts, dann links, wie ein Lehrer, der jedes Kind individuell zu motivieren weiß. Was folgt, ist der Tathergang: das Betreten fremden Eigentums, die Verletzung der geschäftlichen Privatsphäre durch Ausspionieren, Beobachten und Aushorchen; alles mit Angabe von Zeitpunkten. Jeannette insistiert, daß es sich um einen albernen Scherz gehandelt habe, eine Geburtstagsüberraschung und so weiter, sie drängt auf Klarstellung, verwirrt, daß es überhaupt etwas klarzustellen gibt, aber Jeannette überzeugt immer weniger, mit jedem Satz fällt sie etwas mehr dem offiziellen Delikt anheim. Langsam hat auch sie von allem genug. Diese leidige Geschichte mit Gehrer. Möglich und darum denkbar ihr Wunsch, die Polizei möge ihn doch gleich hier behalten.

Schließlich noch die Angabe der Personalien, und zum Schluß: »Angabe des Berufs?« Das hat gerade noch gefehlt! Jeannette legt ihre Hand blitzschnell auf Gehrers Arm und sagt »arbeitslos«, als wäre es die selbstverständlichste Sache der Welt.

Noch vor Mitternacht wird das Paar Gehrer mit besten Wünschen und einer heftigen Abschleppgebühr von der Polizei verabschiedet. Sie werden sogar nach Hause chauffiert.

Dort strahlt ihnen das Haus schon von weitem entgegen. Aber es strahlt noch etwas anderes, ein Blaulicht, ein kreiselndes, denn jemand, es könnten die Nachbarn gewesen sein, hat die Polizei verständigt. Die Tür steht so, wie sie Gehrer verlassen hat: weit offen. Die Lichter aus den Zimmern fluten auf den Kiesplatz. So treffen sich unerwartet zwei Polizeipatrouillen nach Mitternacht vor Gehrers Heim. Als feststeht, daß niemand eingebrochen ist, spritzen sie davon und hinterlassen einen einzigen großen Konfliktherd, der aus Gehrer und Jeannette besteht.

Jeannette hat jetzt – um zwei Uhr morgens – keine Lust auf Rehrücken. Gehrer eigentlich auch nicht.

Später sitzen sie in verschiedenen Ecken der Polstergruppe. Dann sagt Jeannette: »Mach uns beiden eine Freude, und geh schlafen.«

Die logische Progression eines Niedergangs.

25

Noch in derselben Woche zieht Jeannette aus. Bedächtig hebt sie ihre Kleider aus dem Schrank, faltet sie einmal, zweimal über den Arm und läßt sie samt Bügel in Umzugskisten fallen. An der Behutsamkeit ihrer Bewegungen erkennt er, daß es keinen Sinn macht, sie davon abhalten zu wollen. Gehrer sitzt auf der hohen Bettkante und spielt mit seiner Armbanduhr. Seine Füße pendeln hin und her. Kein Wort. Wie ein Unbeteiligter konstatiert er, was passiert. Jede Frau erstickt früher oder später an ihrer Garderobe! – das denkt er. Seine Armbanduhr dreht rhythmisch um seinen Zeigefinger. Einmal landet eine Bluse aus Versehen auf seinem Knie. Er läßt sie auf seinen linken Fuß hinunterrutschen, dann streckt er sie Jeannette mit einer geschwungenen, ballettartigen Bewegung des Beins entgegen, so daß sie ihre Bluse von seinem Fuß pflücken kann.

Vierzehn Kisten. Dazu ein Koffer voller Schuhe, ihr Laptop, die Hängemappen mit ihren Ausweisen, das eingerahmte Rechtsanwaltsdiplom, eine Handvoll Bücher – ihre liebsten –, Fotos.

Kein Wort. Gehrer versteht die Welt, und gleichzeitig versteht er sie nicht.

Eine Schütte kalter Herbstluft flutet durch die offene Tür. Die graue Sohle des Hochnebels. Sonne nur als Ahnung. Kastanienlaub auf dem Kies. Das Gewinkel der Dächer. Der See. Gehrer hält ihr die Tür, als sie Kiste um Kiste auf den Parkplatz hinunterschleppt. Das dumpfe, von gefallenen Kastanienblättern erstickte Knacksen, wenn sie auf Kies geht.

Gehrer spielt Türsteher und glaubt nicht, was er sieht. Er macht sich nur jedesmal dünn, zieht den Brustkorb ein, drückt sich an den Türrahmen, wenn sie vorbeischuftet mit einem oder zwei Kartons auf den Armen. Dann verschränkt er wieder die Arme und schaut in das feuchte Grau, das sich hinter den Kastanien ansammelt. Am liebsten wäre er nicht dabei, aber das kann er jetzt nicht ändern.

Nach vierzig Minuten ist alles im Auto verstaut – im Kofferraum, auf dem Rücksitz, auf dem Beifahrersitz, überall stapeln sich Kartons, aus denen bunter Stoff quillt.

Dann trennt sie ihren Hausschlüssel hastig vom Schlüsselbund und wirft ihn in den Himmel hinein. Dabei hebt sich ihre Hand, scheinbar befreit von einer Last, hebt sich langsam und unauffällig, als wär sie mit Helium gefüllt. Ein Stück Metall in der Luft, tanzt, sammelt fahles Sonnenlicht, läßt es auf den Kiesplatz regnen. Mit jedem Zentimeter, mit dem sich der Schlüssel dem Erdboden nähert, verschwindet für Gehrer ein Stück Welt.

Gehrer steht in der Tür. Er denkt nichts, dafür atmet er, er atmet gleichmäßig, darauf bedacht, keine Atmung auszulassen. Er lehnt, den Kopf schräg gelegt, mit gekreuzten Beinen und leicht gekrümmtem Rücken gegen den Türrahmen, mittlerweile hat er die Hände in die Hosentaschen gestopft und beobachtet aus der Distanz, wie eine Dame – schlank, mit kastanienbraunen Haaren, um die 40 mag sie sein, intelligent, kinderlos, ganz bestimmt, bald auch ohne Mann – den Kofferraumdeckel mit ihrem Körpergewicht doch noch zubekommt.

Ein Auto hält sich an die perspektivischen Gesetze, schrumpft zusammen, wird zu einer zweidimensionalen Fläche, dann geht es im Abendverkehr unter.

26

Das Licht wird kürzer. Es ist, als werde den Tagen das Blut entzogen. Bienen summen schwer und plumpsen ins dürre Gras. Dort krabbeln sie immer langsamer auf der Suche nach nichts. Die Sonne als kalter Punkt über den Dächern. Vögel, die sich das nicht bieten lassen, ballen sich zu dunklen Wolken zusammen und ziehen südwärts. Die Bäume trennen sich in Laub und Geäst. Der eine Teil macht den Wind voller Farben. Der andere Teil bleibt stehen und wartet mit ausgestreckten Armen auf Schnee. Der See liegt wie gemeißelt in der Landschaft. Ein schwarzer Vogel weit oben, kaum sichtbar, ein Punkt, wird vom Wind getrieben, gepeitscht. Dunkle, massige Wolken ziehen geschwind auf der himmlischen Überholspur. Schlagzeilen von Sturmschäden an Kioskaushängen. Zeitungen werden mehrfach gefaltet oder gerollt und zusammen mit Händen in die Manteltaschen gestopft. Kinderstiefel trampeln in buntes Laub, als wären darunter Fußbälle versteckt. Wenn es regnet, sind die Tropfen dick. Wenn es nicht regnet, lasten sie als Ahnung in der schweren Luft. Westliche Böen bewirken, daß manch ein Landeanflug auf Zürich-Kloten abgebrochen wird oder daß von Baumstämmen heruntergerissene Leitungskabel Bahnstrecken stundenweise lahmlegen.

Gehrer allein in der Wohnung. Er liegt im Bett. Schweißausbrüche, Fieber, Kopfschmerzen. Die Medikamente aus Gehrers neu organisierter Hausapotheke wollen nicht mehr helfen.

Gehrer macht keine Anstalten, wenn sich Nachrichten auf dem Telefonbeantworter sammeln. Jobangebote werden in regelmäßigen Abständen von anderen Jobangeboten überspielt. Gehrer weiß, daß er nicht zurückrufen wird. Er dreht sich auf den Bauch und atmet den Schweißgeruch des Lakens ein. Gehrer bleibt liegen.

Auf dem Nachttischchen das Buch »Durchstarten zum Traumjob«, das Jeannette ihm geschenkt hatte. Ein bunter Fallschirm auf dem Umschlag. Gehrer blättert. Die Übungsseiten sind leer. Nur die Aufgaben stehen in fetten Lettern über den Seiten.

»Decide what you really want. Write it in the space below.«

Gehrer läßt das Buch auf die Bettdecke sinken. Nach fünf Minuten packt er es wieder. »Decide what you really want. Write it in the space below.«

Irgendwo schlagen Jalousien an die Wand. Auf einmal merkt er, daß sein Puls rast. Ameisen in den Fingerspitzen.

Gehrer tastet nach einem Kugelschreiber, tastet wie ein Verrückter, reißt die obere Schublade des Nachttischchens auf – diese fällt zu Boden: Batterien, Postkarten, Papiertaschentücher, ein Tonbändchen, angegraute Schokolade kullern über den Teppich. Dann noch die zweite – Plastikuhren, eine Taschenlampe, Ersatzschlüssel für weißnichtwas, Aspirintabletten, Taschenmesser, nochmals Batterien. Kein Kugelschreiber. Er wirft die Zeitungen hoch, die seit Wochen um ihn herumliegen, sie flattern wie aufgescheuchte Hühner, flattern, drehen, segeln zu Boden. Nichts. Er läßt sich halb aus dem Bett fallen, tastet mit beiden Händen unter der Bettkante – und da liegt tatsächlich etwas: ein angekauter Bleistift. Den nimmt Gehrer wie eine Waffe in die zitternde Faust und beginnt zu schreiben… Nein, er schreibt nicht. Immer wieder setzt er an, verharrt, zieht den Stift durch den Mund, denkt, setzt wieder an – ein Punkt auf dem Papier –, verharrt. Er fährt sich mit dem Bleistift durchs Haar. Denkt nach. Er fährt sich mit zehn Fingern durchs Haar. Auch das ändert nichts. Es bleibt bei einem Punkt. Ein Punkt, der, unter einem Mikroskop betrachtet, wenig hergäbe, jedenfalls keine verborgene Botschaft, keine Berufung, sondern ein Flecklein Metallpulver auf gebleichten Holzfasern.

Gehrer kann es kaum glauben. Soeben hatte er noch tausend Ideen im Kopf, tausend Arten sinnvoller Beschäftigung, eine Wagenladung voller Tätigkeiten, die ihn retten würden, und er fragte sich schon, wann um Himmels willen er all das unternehmen sollte in diesen wenigen Jahrzehnten, die ihm bis zum Tod noch bleiben.

Es bleibt bei einem Punkt. Seine Zukunft. Gehrer läßt sich rücklings ins Kissen fallen. »Decide what you really want« schreit ihn das Buch noch immer an.

Am liebsten hätte er jetzt die Seiten herausgerissen und zwischen den Händen zerrieben. Aber die Hände wollen nicht mehr. Sie liegen wie zwei tote

Reptilien auf der Bettdecke. Gehrer mit aufgerissenen Augen im hohen Kissen, ermattet.

Auch nach Wochen, als das Buch bereits als zerfleddertes Papierbündel draußen auf dem Kiesplatz liegt, bleibt der Satz auf seinem Nachttisch, auf seinen Tapeten, auf seiner Haut liegen. Gehrer wird ihn nicht mehr los, diesen Satz.

Ein Tag geht auf über der Stadt und erlischt Stunden später. Luft, schwere Voralpenluft, in Verschwendung vorhanden. Nur das Schlottern, wenn er an den Winter denkt, an den ersten Schnee. Fäden von Regen hinter dem Fenster. Alles ist einander gleich. Gehrer bewegungslos, vor-tot, wie ein Lurch.

Die Natur ist jetzt gegen ihn. Gehrer wittert Rettung in der eigenen Phantasie, die am Tatbestand auch nichts ändert.

Nebel. Dicker, suppiger Nebel. Die Straßenbeleuchtung bleibt den ganzen Tag über an. Scheinwerfer bohren sich durch den flüssigen Granit.

Die Anrufe kommen spärlicher. Offensichtlich haben sie eingesehen, daß es nutzlos ist. Nur einmal, nach Wochen, hört er eine Meldung zweimal ab, bevor er sie löscht – es ist eine ehemalige Fahrschülerin, es geht um einen Autokauf. Sie sei jetzt selbständig und möchte wissen, was er vom Autotyp soundso halte. Übrigens hoffe sie, es gehe ihm gut.

Es gibt keinen Grund, das Haus zu verlassen. Der Wein im Keller reicht bis zum übernächsten Frühjahr. Daß der Briefkasten vor der Haustür überquillt, sieht er vom Bett aus.

Nieseln. Die Nachbarhäuser nur als Erinnerung vorhanden. Man kommt sich vor wie auf einer nebelverhangenen Alp. Tage – knochenbleich.

Gehrer stutzt, wenn er zufällig ein früheres Foto sieht: Ein Mann im Nadelstreifenanzug unter anderen Männern in Nadelstreifenanzügen im hundertsten Stock irgendeines Wolkenkratzers, Fensterscheiben von der Decke bis zum Parkett gespannt – ein weit ausgezogener, bonbonblauer Himmel, der bis in die Straßenschluchten hinunterfällt –, man reicht sich die Hände, klopft sich gegenseitig auf die Schultern, Champagnergläser stehen halb gefüllt zwischen Aktenbergen, ein Geschäftsabschluß hoch über den Dächern irgendeiner Stadt wird gefeiert. Ein Mann, den es so nicht mehr gibt. Gehrer weigert sich, darüber zu erschrecken.

Gehrer bleibt liegen.

Der erste Schnee fällt. Gehrer sitzt am Fenster und zählt die Flocken.

Wochen später kommt sie vorbei. Sie kommt vorbei, Jeannette, allein, das Eindrehen von Reifen auf dem Kiesparkplatz – wie das Knacken von Nüssen –, das Zuschlagen der Autotür, ihr kastanienbraunes gewelltes Haar, ein hochgeschlagener Kragen, Kondenswolken, wenn sie ausatmet. Sie hat ihre lederne Aktentasche unter den Arm geklemmt. Mit leicht verzögertem Gang, scheint es, schreitet sie über den Kies. Gehrer lauert hinter dem Vorhang. Dann klingelt es.

Gehrers Auge lebt im Guckloch. Tatsächlich, es ist Jeannette – seine Jeannette –, weniger als eine Armlänge von ihm entfernt, er kann ihr ins Gesicht schauen, Jeannette, sich die Haare zurechtzupfend, sie sieht großartig aus, dann klingelt sie nochmals.

Eine punktförmige Kaulquappe schwimmt in der eingerahmten Rundung, schwimmt schwarz und schimmernd hinter viel geschliffenem Glas. Ab und zu fällt ein Augenlid über den unruhigen Punkt und schießt gleich wieder hoch. Wie wenn ein Diaprojektor das nächste Bild einschiebt. Dann wieder ein stechender Punkt, schwarzglänzend. Einmal fährt sie mit der Hand über das Guckloch, und das kleine schwarze Tier zuckt zusammen. Dann ein Klopfen, ein heftiges Poltern: »Ich bin's, Jeannette!« Gehrer hält sich als ölige Pupille hinter der einbruchsicheren Tür verschanzt. Einen Moment lang zögert er, ob er nicht doch aufmachen soll. Nochmals ein Klopfen.

Eine Kaulquappe spricht nicht. Sie wird höchstens zur Kröte.

Sein Interesse an gütlichen oder ungütlichen Trennungen, zum Beispiel das Haus betreffend, das sie sich beide, aber besonders einzeln, nicht mehr leisten können, ist in diesem Augenblick so klein wie seine Pupillen.

Nach einer Weile zieht sie ab, die Mappe eng unter den Arm geklemmt. Ihr Schritt jetzt eilig, stechend, so als würde sie sich von einem Unglücksort entfernen. Gehrer beobachtet sie vom Fenster aus, wie sie ins Auto steigt. Das Zuschlagen der Autotür, Beschleunigung auf Kies. Gehrer schlüpft wieder ins weiche Bett und schläft ein oder auch nicht.

Im Fernsehen Geschnatter über den soeben vergangenen Börsentag, der ja eigentlich nie vergangen ist, weil es immer Nachbörsen gibt, von denen berichtet werden kann, und stets eröffnet eine neue Börse ihren Handelstag, man muß nur westwärts ziehen, der Sonne nach.

Börsen rauf oder runter, dieses Beben, es spielt keine Rolle, Gehrer hat keine Aktien mehr – auch keine Haustiere, keine Kinder. Nicht einmal mehr Jeannette ist da.

Sie sprechen von der »Stimmung an den Aktienmärkten« und meinen damit das unaufhörliche Beben, die Erwartung, ob es rauf- oder runtergeht. Aber Stimmung, echte Stimmung, hat nichts Richtungsweisendes. Sei es das Morgenrot auf einer Karibikinsel oder das glitzernde Firmament auf einer Alp. Auch eine Stadt kann Stimmung haben – Paris, New York, Hongkong. Selbst Zürich. Das hat Gehrer genug erlebt. Ein Besuch war in Stimmung. Ein stimmungsvoller Abend. Kein Herauf oder Herunter – Stimmung hat eine stationäre Qualität. Die Stimmung eines Musikinstruments meint nicht die Tonlage, auch nicht die Melodierichtung, sondern das Frequenzverhältnis der einzelnen Töne zueinander. Es ist das Zusammenspiel – Gespräche, Witze, Gelächter, Farben, Geräusche –, das Stimmung erzeugt, also gerade die Richtungslosigkeit dieser Zutaten. Gehrer läßt seinen Kopf erschöpft ins steile Kissen fallen, wenn sie wieder und wieder von Börsenstimmung reden oder von Konjunkturstimmung.

Gehrer tastet nach der Fernbedienung, schaltet aus. Das Fernsehbild fällt auf einen Punkt zusammen und verdampft. Es ist Nacht geworden. Draußen zieht der Schnee Kreise unter einer Bogenlampe. Ab und zu das zuckende Licht von Räumfahrzeugen in entfernten Straßenwinkeln.

Gehrer steht auf und öffnet das Fenster. Die Stille. Nur das feine Rascheln der sich setzenden Schneeflocken. Eiskalte Flecken auf seinen Armen. Zuerst wie Stechmücken, vereinzelt, dann in Schwärmen. Kurz darauf ist der Teppich weiß.

Es gibt nichts zu sehen außer Schneegestöber im Licht der Bogenlampe, Schneeflocken, die aus der Finsternis kommen, umherschwirren und im Zimmer hängenbleiben.

Unter der Wolldecke ist es warm. Gehrer genießt es, wie einzelne Schneeflocken auf seinem Gesicht landen und wegschmelzen. Wenn er sich bewegt, verirren sich Flocken unter die Decke, kleben sich an seinem Hals fest, an seinem Oberkörper.

Bald ist sein Gesicht naß, seine Haare tropfen.

Das Sofa eingefroren.

Schnee, fingerdick auf dem Kissen.

Das stille Rauschen des Winters.

Er will jetzt nur schlafen.

Rolf Dobelli
Fünfunddreißig

Eine Midlife-Story

Häppchen und Wein, ausgelassene Feststimmung in der Firma, denn Gehrer, der brillante Marketingchef, wird aus Harvard zurückerwartet. Und das an seinem 35. Geburtstag. Tatsächlich ist er in Zürich gelandet, allerdings nicht mit der Maschine aus Boston. Gehrer war in Indien. Und er sitzt an diesem kalten Februartag nicht etwa in seinem Büro, sondern auf einer Bank am See. In einem entwaffnend präzisen Selbstgespräch zieht er Bilanz. Was geschieht im Zenit des Lebens? Wer ist er mit 35? Und was ist mit 35 plötzlich anders? Das Erwachen: Gehrer möchte nichts lieber als Gehrer loswerden, ein anderer werden. Aber da beginnt sein Problem.

»Fulminante Literatur. Rolf Dobelli läßt seinen Protagonisten mit einer Unerbittlichkeit Revue passieren, die über Zwischenbilanz hinausgeht. Das liest sich mitreißend für alle. Und für karrierebewußte Mittdreißiger zudem ausgesprochen entlarvend.«
Hendrik Werner/Die literarische Welt, Berlin

»Ein hinreißendes Debüt. Max Frisch hat einst die Welt des Schweizer Bürgertums durchsichtig gemacht, und Rolf Dobelli knüpft auf erstaunliche Weise an sein großes Vorbild an, vor allem stilistisch. Er schreibt komprimiert, klar, konzis, immer auf inhaltlichen Mehrwert bedacht. *Fünfunddreißig* gehört zum Besten, was ein Debütant in den letzten Jahren vorgelegt hat, und läßt all jene Leser aufatmen, die längst die Hoffnung auf Werthaltigkeit von Literatur eingebüßt haben.«
Florian Felix Weyh/Der Tagesspiegel, Berlin